**Gebrauchsanweisung
für das Jenseits**

Inhalt

Am Anfang war das Wort

»Ist das dein Ernst?«, fragt mich mein Freund Johannes. »Du schreibst ein Buch über das Jenseits? Ausgerechnet du, du alter Zweifler! Wer soll denn das lesen?«

»Ja, du halt! Du glaubst ja dran, dass du eines schönen Tages dort drüben einreisen darfst.«

»Jaaa, genau! Das wirst du dann schon sehen. Ich brauch dieses Buch nicht. Aber ich lese es!«

»Schön. Einen Leser hab ich also schon. Und, Johannes, du bist nicht allein. Die Mehrheit der Weltbevölkerung glaubt an ein ewiges Leben im Jenseits.«

»Weißt du, was der heilige Paulus dazu sagt?«

»Äh – nicht genau … aber wie ich dich kenne, wirst du es mir gleich sagen.«

»Also, ich zitiere Paulus, erster Brief an die Korinther: Siehe, ein Geheimnis sage ich euch: Alle werden wir nicht entschlafen, aber alle werden wir verwandelt werden, im Nu, in einem Augenblick, bei der letzten Trompete.«

»Ja, und ich zitiere Jonas, erster Brief an die Johanniter: Bei der ersten Trompete weißt du nicht, wie du hinkommst, wie es dort zugeht und wie es dort ausschaut. Und im Nu wirst du diese Gebrauchsanweisung zur Hand nehmen! Die Verantwortlichen im Jenseits sind nämlich ein bisschen altmodisch. Statt auf moderne Kommunikationstechniken setzen sie auf althergebrachte Kanäle. Sie kommunizieren über Offenbarungen, Träume, Weissagungen und Medien! Warum ist das Jenseits nicht längst digitalisiert? Wer blockiert denn hier den technischen Fortschritt? Man will doch wissen, wie es drüben weitergeht. Aber nie meldet sich einer. Wir sind hier im Diesseits auf Spekulationen angewiesen, und jeder fantasiert sich sein eigenes Jenseits zusammen. Deshalb ist eine Gebrauchsanweisung dringend nötig.«

»Ich brauche keine! Ich hab volles Vertrauen in Gott!«

So spricht mein Freund und Hobbymissionar Johannes. Er glaubt, dass er drüben Jimi Hendrix trifft. Gleich nach seiner Ankunft reicht ihm der Jimi eine Stratocaster, und dann spielen sie zusammen »Purple Haze«. Daran glaubt er. Er spielt die Gitarre im Jenseits genauso genial wie Hendrix selbst. Meinen Einwand, dass Hendrix möglicherweise gar nicht im Himmel ist, schiebt er beiseite, ebenso wie die Feststellung, dass sein Gitarrenspiel vielleicht nicht ganz mit Hendrix mithalten könne. Johannes glaubt felsenfest, dass er im Himmel »vollendet« wird. Wir alle werden vollendet werden. Was allerdings die Vollendung von Johannes' Gitarrenspiel angeht, glaube ich felsenfest, dass Gott an seine Grenzen stoßen wird.

Philosophen, Theologen, Päpste, sogar Naturwissenschaftler haben das Jenseits erforscht. Haben dicke Bücher dazu verfasst, um der Menschheit die Sphäre dieser Welten zu schildern.

Ein Kabarettist ist meines Wissens noch nicht mit einem Buch dazu hervorgetreten. Das ist nicht nur höchst verwunderlich, sondern auch bedauerlich, wo wir doch sonst zu allen möglichen Themen etwas zu sagen haben. Nichts ist vor unseren scharfen Zungen sicher, und ausgerechnet vor dem Jenseits schreckte die satirische Zunft bisher zurück. Warum? Eignet sich der Stoff nicht für die satirische Zuspitzung? Finden wir in dem Wissen, nichts darüber zu wissen, was uns im Jenseits erwartet, keinen satirischen Zugang? Diese Vermutung können wir mit Kierkegaard widerlegen, der sagt: »Die Ironie ist das unendlich leichte Spiel mit dem Nichts, ein Spiel, das sich durch das Nichts nicht erschrecken lässt, sondern noch einmal mehr den Kopf hochreckt.«

Demnach drängt sich ein wesentliches Element der satirischen Schreibweise, die Ironie, geradezu auf, um das Jenseits in seiner gesamten Ausdehnung genauer unter die Lupe zu nehmen. In religiöser Hinsicht füllt das Nichts zahlreiche dicke Bücher. Es gibt viel zu lesen. Religiöse Erzählungen bieten reichlich Angriffspunkte, an denen sich der Geist der Spötter entzünden könnte. Offenbarungen und Wunder gehören in allen Religionen zum festen Bestandteil des Glaubens. Alle Ereignisse, bei denen die Gesetze der Physik auf übernatürliche Weise außer Kraft gesetzt werden, finden vor dem Kadi der Vernunftmenschen keine Gnade. Hohn und Spott sind Tür und Tor geöffnet.

Die Nichtexistenz Gottes zu beweisen kann sehr unterhaltsam sein, genauso wie im umgekehrten Fall die Existenz Gottes. Allen Gottesbeweisen haftet per se etwas Komisches an. Der Theologe Hans Küng weiß das vermutlich, wenn er einräumt, dass sich Gott nicht beweisen, sehr wohl aber »bewahrheiten« lässt. Die Bewahrheitung Gottes kann auch komische Formen annehmen, wenn zum Beispiel der Vaterschaftsnachweis des Heiligen Geistes samt jungfräulicher Empfängnis bewahrheitet wird. Atheisten haben naturgemäß einen Heidenspaß daran, Gläubige aller Konfessionen als Einfaltspinsel mit kindlichem Gemüt bloßzustellen.

»Das Liebeskonzil«, ein klerikal-kritisches Stück von Oskar Panizza, aufgeführt 1892, das im Himmel, der Hölle und am Hof des Borgiapapstes Alexander VI. spielt, brachte dem Autor ein Jahr Einzelhaft ein. Nicht ganz so schlimm erging es Ludwig Thoma mit seinem »Münchner im Himmel«. Die Szene, 1911 geschrieben, begeistert bis heute das Publikum.

Der Münchner Dienstmann Alois Hingerl erledigt darin einen Auftrag mit solcher Hast, dass er, vom Schlag getroffen, zu Boden fällt und stirbt. Zwei Engel tragen ihn in den Himmel, wo er sich in einer für ihn wenig erfreulichen Szenerie wiederfindet. Den ganzen Tag lang soll er frohlocken und Hosianna singen, und als er sich nach einer Maß Bier erkundigt, teilt ihm der heilige Petrus mit, er möge sich gedulden, er werde sein Manna schon noch bekommen. »Ein Manna? Wos soll nacha des sei?«, fragt der Münchner im Himmel. »A Bier mag i! Manna! Da wenn du mir nicht gangst! Dei Manna kannst selber saufa«, schimpft der Engel Aloisius vor sich hin. Sein himmlischer Grant entlädt sich lautstark beim Frohlocken. »Halleluja, sag i. Zefix Halleluja!!« Durch diese Flüche wird der liebe Gott in seinem Mittagschlaf gestört, und er erkundigt sich nach der Ursache für diese Unruhe. Als ihm Petrus vom Engel Aloisius berichtet, seufzt der liebe Gott: »Ein Münchner!« Um den Seelenfrieden wiederherzustellen, wird Aloisius beauftragt, einmal im Monat auf die Erde hinabzufliegen, um der bayerischen Staatsregierung die göttlichen Ratschläge zukommen zu lassen, auf die sie, wie Thoma unterstellte, bis heute wartet, weil der Hingerl im Hofbräuhaus hockt und eine Maß nach der anderen trinkt.

Ludwig Thoma kam damals mit einer Geldstrafe davon, weil das Königlich Bayerische Amtsgericht zu dem Urteil kam, dass die bayerische Staatsregierung auf göttliche Eingebungen nicht angewiesen ist.

Satiren, die religiöse Inhalte thematisieren, können auch heutzutage noch große Aufregungen verursachen. Freilich sind es weniger christliche Religionen, die solche Skandale auslösen, sondern mehr radikale muslimische Glaubenszweige, die dem Spott nicht mit Humor begegnen können. Strenggläubige muslimische Rechtsgelehrte wissen sich dann oft nicht anders zu helfen, als eine Fatwa auszusprechen, die jeden »Rechtgläubigen« dazu ermächtigt, den »Gotteslästerer« zur Strecke zu bringen. Möglicherweise rührt daher die Zurückhaltung der Satiriker in Glaubensangelegenheiten?

Satirische Angriffe mit der Absicht, aufzuklären, sind in religiösen Kreisen meiner Erfahrung nach ohnehin zum Scheitern verurteilt, weil jede Religion für ihre Gläubigen das Höchste an Vernunft darstellt, was sie sich vorstellen können. Religiöse Vernunft ist außerdem immer mit religiösen Gefühlen abgesichert. Dagegen sticht kein Argument, schon gar nicht in satirischer Verpackung.

Freunde der Ironie lassen möglicherweise auch deshalb die Finger von einer satirischen Auseinandersetzung mit religiösen Inhalten, weil Glaubensreste aus der Kindheit ein Leben lang im Verborgenen aktiv sind und sie aufgrund dieser Signale befürchten, bei der möglichen Übersiedelung in die jenseitigen Gefilde Unannehmlichkeiten zu bekommen. Man weiß ja nie.

Dennoch dürfen die Vertreter der satirischen Schreibweise bei ihrem Publikum immer auch auf den aufgeklärten Humor hoffen, der nötig ist, um richtig verstanden zu werden.

Allerhöchste Zeit also, dass sich doch mal einer aus der satirischen Gemeinde des Themas annimmt.

Ich schreibe aus der Sicht eines einfachen Erdlings, der keine Ahnung hat. Damit befinde ich mich in der besten Gesellschaft derer, die über das Jenseits nachgedacht haben.

Bei den vielen Büchern, die ich zum Thema gesichtet und zum Teil komplett durchgelesen habe, verstärkte sich bei mir der Eindruck, dass alle diese Experten vor allem Experten auf dem Gebiet der Spekulation sind. Was kein Wunder ist, denn sie waren alle noch nicht dort. Alle aber, wirklich alle, schilderten stilistisch einwandfrei, in mehr oder weniger gut lesbaren Sätzen, und auch inhaltlich sehr kompetent ihre Unwissenheit. Das machte mir Mut. Ich sagte mir, wenn selbst Päpste, Theologieprofessoren aller Konfessionen und Philosophen in dicken Büchern ihre durch nichts bewiesenen Spekulationen glaubhaft veröffentlichen dürfen, dann kann nichts Falsches daran sein, wenn ich diese Spur der Ahnungslosigkeit aufnehme.

Karl Valentin soll einmal gesagt haben: Alles ist schon mehrmals gesagt worden, nur noch nicht von allen. Das ist wahr. Diese Erkenntnis wirkt auf mich wie ein Befehl. Und mir ist es lieber, wenn ich noch einmal alles auf meine Weise wiederhole, bevor es ein anderer auf seine Weise tut. Ich kann allerdings nicht versprechen, dass mir nicht doch noch etwas Neues einfällt. Ich nehme das sogar an. Es geht nämlich nicht nur um die Verbreitung allgemein bekannter Tatsachen und Gedanken zum Jenseits, nein, es geht auch immer um die Frage, ob der Autor in der Lage ist, bereits Gedachtes so zu formulieren, dass der Leser das Gefühl nicht mehr los wird, er lese etwas völlig Neues. Ich bediene mich dabei einer bewährten Methode, die von den größten Geistern der Literatur bis zu den kleinsten Spitzbuben immer wieder mit großem Erfolg angewandt wurde, nur aus dem einen Grund, den eigenen Ruhm zu mehren. Ich klaue und plagiiere gnadenlos, was ich kriegen kann, und fühle mich dabei in bester Gesellschaft. Das Genie könne gar nicht anders als zu plagiieren, was andere bereits gedacht und geschrieben hätten, legt Egon Friedell, der auch schon lange tot ist, in seiner »Kulturgeschichte der Neuzeit« überzeugend dar. Denn nur das Genie sei in der Lage, große Gedanken zu erkennen und sie auf seine Weise neu und aktuell zu denken. Mit diesem Gedanken freundete ich mich sofort an. Egon Friedell hat natürlich recht.

Ich bin mir ziemlich sicher, dass er nicht mich meinte, als er seine Genietheorie entwickelte, schon eher Bert Brecht, der auf dem Feld des Abschreibens ein wahrer Meister war. Er wird es drüben nicht leicht haben, weil dort bestimmt schon François Villon auf ihn wartet, der ihm dann sagen wird, was er von ihm geklaut hat. Es sind ja schon so viele drüben. Der Thomas Mann, der Lion Feuchtwanger, der Stefan Zweig, der Oskar Maria Graf, der Thomas Bernhard; die Reihe der Dichter ist enorm lang. Im Jenseits werden sich viele von denen nicht aus dem Weg gehen können. Schriftsteller und Dichter untereinander, ein explosives Gemisch. Das geht nicht lange gut. Und wenn dann noch der Reich-Ranicki dazustößt, nicht auszudenken. Ich weiß, ich bewege mich im Reich der Spekulation.

Dass ich dazu fähig bin, habe ich schon öfter hinlänglich bewiesen. Ich bin bekannt dafür, Selbstverständliches so unverständlich zu formulieren, dass der Leser ein Aha-Erlebnis hat und spontan ausruft: So hab ich das noch gar nicht gesehen!

Totgelacht

Denn hinderlich, wie überall/Ist hier der eigne Todesfall. Vielleicht hat Wilhelm Busch mit diesem Vers – dem letzten aus dem »Maulwurf« – darauf spekuliert, den Tod umzustimmen? Ein letzter Humorversuch, um ihn zum Lachen zu bringen? Wahrscheinlich ist es ihm sogar gelungen! Wissen können wir es nicht. Der Tod ist auch nur ein Mensch. Von daher ist anzunehmen, dass auch er öfter lachen muss, weil er nicht mehr anders kann. Beispielsweise, wenn einer partout meint, er könnte ihn überlisten, dann entbehrt das nicht einer gewissen Komik. Der »Brandner Kaspar« hat es probiert. Er hat ihn auf gut bayerische Art mit Kirschgeist abgefüllt, bis er total besoffen war, und ihm auf diese hinterlistige Weise beim Kartenspielen einige Jahre zusätzlich abgeluchst. Aber es endet wie immer, wenn einer versucht, das Unvermeidliche zu vermeiden.

Wer zuletzt lacht, lacht am besten, heißt es, und das kann am Schluss halt doch wieder nur der Tod sein. Im Grunde genommen wundert sich eh niemand darüber, weil wir sowieso alle wissen: Das Leben ist eine große Komödie, die mit dem Tod endet. Voltaire hat schon recht, wenn er sagt: Gott ist ein Komödiant, der vor einem Publikum spielt, das zu ängstlich zum Lachen ist. Das liegt natürlich am Tod, der im göttlichen Auftrag handelt. Doch sehen wir den »Gevatter Tod«, wie wir ihn scherzhaft nennen, selten als Stand-up-Comedian, sondern meistens als Horrorgestalt, bei deren Anblick uns das Lachen vergeht.

Bei meinen Umfragen bin ich auf Menschen gestoßen, die behaupteten, der Tod hätte keinen Humor. Ich gestehe, auch ich habe mich vom Ernst des Todes zu dieser Annahme verleiten lassen. Der Tod ist zweifellos eine bitterernste Angelegenheit, aber gerade deshalb bietet er die ideale Plattform für ein schallendes Gelächter. Wir schöpfen das komische Potential nur nicht immer voll aus. Die meisten von uns nehmen allein das Trauerangebot an und lassen die Chance zum Humor außen vor. Je ernster eine Situation ist, desto mehr Komik enthält sie. Der Ernst stellt die Bananenschale bereit, die ihren Ausrutscher findet. Im Pathos der Trauerrede lauern die Lacher.

Jeder hat solche Momente schon erlebt, die sich spontan in einem Lachen auflösen. Ich durfte einmal am offenen Grab einem schwer alkoholisierten Pfarrer lauschen, der lallend die feierliche Einsegnung vornahm. Das Trauerritual verlangt eine pathetische Würdigung, die diese schwere Zunge ums Verrecken nicht gewährleisten konnte. Die Komik wurde zusätzlich durch die Tatsache befeuert, dass »der Hingegangene« an einer durch übermäßigen Alkoholgenuss hervorgerufenen Leberzirrhose verstorben war. Als der Pfarrer den Verstorbenen als lebenslustigen Menschen schilderte, »der einem guten Tropfen nie abgeneigt gewesen ist, äh, war,« und dort, wo er jetzt sei, sicherlich auf viele Gleichgesinnte treffen werde, die mit ihm auf die Ewigkeit anstoßen würden, konnte ich beim besten Willen nicht mehr ernst bleiben. Ich musste lachen.

Im Theater ist es gang und gäbe, dass der Tod die Komik für seine Arbeit nutzt. Wir sagen im Deutschen (wo sonst!), wenn wir etwas sehr komisch finden und aus dem Lachen nicht mehr rauskommen, dass wir uns totgelacht haben.

In der Münchner Lach- und Schießgesellschaft ist das während einer Vorstellung wirklich passiert. Dieter Hildebrandt erzählte, dass ein Zuschauer während der Vorstellung lachend vom Barhocker fiel und sofort tot war. »Er hatte sich totgelacht.« Der Verstorbene wurde im Büro der Lach-und Schießgesellschaft im Künstlerzimmer aufgebahrt, ein Arzt wurde gerufen, der den Tod feststellte. Man wartete auf den Abtransport durch das Bestattungsinstitut. »Wir wollten die Vorstellung abbrechen, aber der Bruder des Verstorbenen bestand darauf, sie zu Ende zu spielen, er meinte, seinem Bruder hätte das gefallen. Wir kamen dem Wunsch nach.« Wenn Sich-totlachen eine Möglichkeit des Selbstmordes wäre, könnte ich mich damit anfreunden.

Ich glaube, dass der Tod jede Gelegenheit zum Lachen wahrnimmt. Das befreiende Lachen allerdings würde man ihm übel nehmen, also muss er sich zurückhalten. Das Äußerste an humorvoller Reaktion, das er sich leisten kann, ist daher ein Schmunzler. Es ist ein versöhnliches Schmunzeln, das die Grundbedingung des Seins mit Humor signalisiert. Humor ist ja angeblich, wenn man trotzdem lacht. Lachen im Angesicht des Todes, im sicheren Wissen, dass dieser Lacher nichts verhindert. Trotziger geht's wirklich nicht mehr.

Der Tod triumphiert nicht! Dafür ist er zu mächtig. Triumphe feiern nur die Ohnmächtigen, wenn sie einen Sieg über die Mächtigen erringen. Der Triumph ist unter seiner Würde. Er kann ja nur immer wieder Leben beenden. Die unendliche Reihe der Generationen von Lebenden, die schon vor der Geburt sterblich sind, lassen einen Triumph über das Leben kläglich erscheinen. Solange Samen- und Eizellen verschmelzen, hat der Tod zu tun. Seine Arbeit ist nie endgültig, solange Leben gezeugt wird. Deshalb wirkt der Tod auf dem Feld der Vergeblichkeit.

Hinderlich, wie überall / Ist hier der eigene Todesfall! Für den Tod muss sich dieser Spruch absurd anhören, denn er ist der Einzige, auf den er nicht zutrifft. Er wird nie erfahren, wie es sich anfühlt, wenn er bei ihm selbst eintritt. Nie wird er sich selbst das Licht ausblasen können. Sogar der Selbstmord bleibt ihm versagt. Totlachen geht auch nicht. Angesichts dieser finalen Unzulänglichkeit bleibt ihm nur das ewige Lachen!

Uns Sterblichen hingegen vergeht am Ende unseres weltlichen Daseins meist das Lachen. Im Angesicht des Todes mit Humor zu reagieren, ist nicht jedermanns Sache. Umso mehr bewundern wir Menschen, denen das gelingt.

Als der Vater eines Freundes merkte, dass seine Tage gezählt waren, sagte er in tiefstem niederbayerischen Dialekt zu seinen nächsten Angehörigen: »Steckts ma a gelbe Ruam in Arsch, dann vaziagn mi eh de Antn.« (Steckt mir eine Mohrrübe in den Hintern, dann entsorgen mich sowieso die Enten.) Wenn der Tod ums Haus schleicht, kann es zu einer letzten, alle überraschenden Äußerung kommen.

Manche bleiben ausgesprochen souverän, wie der von König Heinrich VIII. zum Tode verurteilte Thomas Morus, der den Henker bat, seinen Bart zu verschonen, da dieser keinen Hochverrat begangen habe. Oder Oscar Wilde, der, völlig verarmt, in einem erbärmlich heruntergekommenen Hotelzimmer auf Pump Champagner bestellte und nach dem Genuss seines letzten Glases gesagt haben soll: »Ich sterbe, wie ich gelebt habe – über meine Verhältnisse.«

Es gibt starke Naturen, die den Tod verdrängen können, die ein Leben lang ohne ihn auskommen. Sterben Freunde und Bekannte, ignorieren sie das Ereignis. Sie stehen auf dem Standpunkt: Solange ich lebe, ist der Tod eine Angelegenheit der anderen. Wenn er zu mir kommt, werden wir sehen, wie ich auf ihn reagiere. Warum soll ich mir schon vorher das Leben mit Gedanken an mein Ende versauen?

Meine Erfahrung ist eine andere. Ab einem gewissen Alter lebt man mit dem Tod. Bei mir ging es definitiv damit los, als mein sechzigster Geburtstag unaufhaltsam näher rückte. Ich fing eines Tages damit an, die Seiten mit den Todesanzeigen zu studieren. Mein besonderes Interesse richtete sich dabei immer mehr auf das Geburtsdatum der Verstorbenen. Ich rechnete nach. Fragte nach der durchschnittlichen Lebenserwartung von Männern. Ich war froh, lesen zu können, dass sie bei Männern meiner Generation steigt. Frauen werden trotzdem älter als Männer. Sicher gibt es eine Vielzahl von Gründen dafür. Einer davon ist, dass wir Männer so gut auf unsere Frauen aufpassen. Na ja, die Frauen passen selbstverständlich auch auf uns Männer auf. Statistisch haben verheiratete Männer eine um neun Jahre höhere Lebenserwartung als unverheiratete. Möglicherweise trifft aber hier die Feststellung meines Freundes Johannes zu: Verheiratete Männer leben nicht länger, es kommt ihnen nur so vor!

Dazu passt der Witz, in dem Jopi Heesters, der mit der fast fünfzig Jahre jüngeren Simone Rethel verheiratet war, die zentrale Rolle spielt: Es klingelt beim Ehepaar Heesters an der Tür. Der über hundertjährige Jopi öffnet, draußen steht der Tod. Heesters ruft nach hinten: »Simone, für dich!« Wie der Tod reagiert hat, ist bekannt. Er nahm's mit Humor und blieb im Haus, bis Heesters sich nicht mehr gegen sein Ableben wehrte.

Einmal Jenseits
hin und zurück, bitte!

Normalerweise werden Reisewarnungen für Länder herausgegeben, in denen eine erhöhte Lebensgefahr besteht. Bei Reisen ins Jenseits ist es genau umgekehrt: Lebensgefahr ist die Voraussetzung für den Tod, der unbedingt vor Reiseantritt eingetreten sein muss! Sonst wird das nichts.

Ausnahmslos allen, die bereits eine Jenseitsreise angetreten haben oder zukünftig planen, egal, ob gläubig oder ungläubig, wird von der Theologie eine Wiederkehr versprochen. Dennoch ist bis jetzt kein Einziger zurückgekehrt. Von Jesus einmal abgesehen, der zwischen seiner Auferstehung und Himmelfahrt mehrmals von verschiedensten Personen gesichtet wurde. Aber bei ihm liegt ein Sonderfall vor, den wir später noch genauer betrachten werden. Alle anderen sind bisher drüben geblieben. Das macht einen doch stutzig. Was ist denn da los?

Auf Nachfragen bei Jenseitsexperten verschiedenster Agenturen bekommt man ausweichende Antworten. Man wird hingehalten.

Im »Katholischen Reisebüro« erhielt ich die Auskunft, dass bisher noch jeder sicher drüben angekommen sei. Mit der Taufe sei das Ticket gelöst, alles Weitere ergebe sich daraus automatisch.

»Sie sind doch getauft?«, fragte mich eine sehr freundliche Frauenstimme am Telefon.

»Ja, natürlich, ich empfing auch die Sakramente der Heiligen Beichte, der Heiligen Kommunion, und ich wurde auch gefirmt.«

»Mit der Taufe sind Sie ein Gotteskind bis in alle Ewigkeit! Sie können ganz beruhigt sein.«

Als ich mich dazu bekannte, aus der Kirche ausgetreten zu sein, erntete ich ein mitfühlendes: »Oh. Was ist denn da schiefgelaufen? Waren Sie in einem katholischen Internat?«

»Nein, mich hat der Virus der Aufklärung befallen.«

»Oje!«

Die freundliche Dame versprach, für mich zu beten, und empfahl mir die Bücher von Joseph Ratzinger zur vertiefenden Lektüre, die meine Zweifel am katholischen Glauben aber eher noch vergrößerten.

Im »Evangelisch-reformierten Büro für Transzendenztrips« belehrte man mich darüber, dass Jesus Christus für uns alle gestorben sei und deshalb die Chancen nicht schlecht stünden, ins Himmelreich einzugehen. Reue sei natürlich Voraussetzung. Man müsse bereuen, nur dann könne man auf die Gnade Gottes hoffen. Eine Garantie gebe es aber nicht. Die Hoffnung sei das einzig Sichere. Die näheren Umstände spielten selbstverständlich eine wichtige Rolle, aber grundsätzlich seien die Bedingungen für ein ewiges Leben sehr gut. Ich solle mich gedulden bis zum Jüngsten Tag. Auf meine Frage, wann damit zu rechnen sei, sagte man mir, das könne noch dauern.

So weit, so gut, nur wüsste ich schon gern, wann ich mit dem Jüngsten Tag rechnen kann, nicht dass ich ihn verplane. Und was ist das überhaupt für ein Datum? Hoffentlich kein Dienstag oder Mittwoch, wenn die Champions

League spielt. Ein Wochenende fände ich für den Jüngsten Tag auch suboptimal. Da hat man schon mal frei, und dann ist Jüngster Tag. Meinetwegen Montag. Obwohl, Montag ist Wochenanfang, und die Woche mit dem Jüngsten Tag zu beginnen kommt mir auch schräg vor. Freitag! Wie wär's mit Freitag? Es wird bestimmt ein Freitag, denn am Karfreitag wurde Jesus gekreuzigt.

Mit sehr viel Humor wurde ich bei der jüdisch-orthodoxen Jerusalem-Agentur »For Living Before and After Death« empfangen. Reisen ins Jenseits seien vorgesehen, aber nicht zwingend. Es komme darauf an, wen man frage. Einige Rabbiner sagten so, andere so. Man müsse einfach abwarten, und man rate zunächst zu einem Leben im Hier und Jetzt nach den göttlichen Geboten. Mit einem Lächeln hielt man mir die Tür auf und verabschiedete mich mit einem Witz. Was ist der Unterschied zwischen einer Psychose und einer Neurose? Na, der Psychotiker behauptet, zwei mal zwei ist fünf. Davor hat er Angst. Der Neurotiker weiß, dass zwei mal zwei vier ist, aber er leidet darunter.

Mit nicht ganz so viel Humor empfing man mich bei der »Islam Paradies Touristik«. Ich schaute von außen durchs Fenster und konnte sehen, dass man dort Flugpläne studierte. Als ich eintreten wollte, verweigerte man mir den Zutritt in das Reisebüro, das in einer Moschee untergebracht war. Außen an der Tür stand: *Für Ungläubige verboten*. Ich war ratlos.

Von der Neugier getrieben, fragte ich, wo immer ich Gelegenheit dazu hatte, Muslime nach ihrer Vorstellung vom Paradies. Alle Männer, die ich um Auskunft bat, strahlten mich breit grinsend an und empfahlen mir den Koran zur Lektüre. Ich habe keine Zweifel daran, dass alles, was im Koran steht, wahr ist, denn der Erzengel Gabriel führte Mohammed die Hand, als dieser Gottes Worte niederschrieb. In der Sure 56 steht, was gläubige Muslime im

Paradies erwartet. Vor allem den Männern fehlt es an nichts. Die Erlösten sitzen auf kostbaren Teppichen und genießen leckeres Essen von goldenen Tellern. »Schöne, unberührte Wesen« bedienen sie. »Auf golddurchwirkten Ruhebetten liegen die, die Gott nahestehen, einander gegenüber, während ewig junge Knaben unter ihnen die Runde machen mit Humpen und Kannen voll Wein und einem Becher von Quellwasser, von dem sie weder Kopfweh bekommen noch betrunken werden, und mit allerlei Früchten, was immer sie wünschen, und Fleisch von Geflügel, wonach sie Lust haben. Und großäugige Houris haben sie zu ihrer Verfügung, in ihrer Schönheit wohlverwahrten Perlen zu vergleichen.«

Bei solchen Aussichten verstehe ich, dass besonders gläubige Muslime es kaum erwarten können, so schnell wie möglich dorthin aufzubrechen. Auch für Frauen scheint in der ewigen Glückseligkeit alles optimal eingerichtet zu sein. Emanzipation und Gleichberechtigung von Mann und Frau stehen, soweit mir bekannt, im muslimischen Jenseits nicht auf der Agenda.

Wer auf diese Thematik im Jenseits nicht verzichten möchte, der ist im Genderparadies gut aufgehoben. Diese Art von Paradies ist eine relativ neue Idee, die sich inzwischen immer größerer Beliebtheit erfreut. Gendergläubige nehmen an, dass es eine natürliche Geschlechterorientierung nicht gibt. Jeder bekommt deshalb im Genderparadies den Körper, der seinen Idealvorstellungen entspricht. Es gibt keine Frauen und keine Männer, nur Körper, die vom heiligen Gendergeist geformt werden.

An zahlreichen Genderlehrstühlen wird bereits ein verbindlicher Kanon erarbeitet, eine Art Genderbibel, in der das Heil der Menschheit mit einem aus der wissenschaftlichen Luft gegriffenen Set von Glaubenssätzen, Hoffnungen und Weissagungen präsentiert wird. Der zentrale Gedanke dieses Glaubens, von dem alle anderen Glaubenssätze abgeleitet werden müssen, kristallisiert sich im Bekenntnis zur Bedeutungslosigkeit der biologischen Geschlechtsunterschiede heraus. Die daraus resultierenden sozialen und sprachlichen Unterschiede müssen radikal ausgemerzt werden. Wer differenziert, ist böse. Gut ist, wer sein Geschlecht als das nimmt, was es ist, eine zufällige Laune der Natur, die man akzeptieren darf, aber niemals muss.

Judith Butler, Gendergöttin und führende Feministin, hat dieses gelobte Land zusammen mit anderen Aktivistinnen konzipiert, und die Schar der Gläubigen, die ihr folgen, wächst zunehmend. Zur Einstimmung und Erweiterung empfehle ich Ovids »Metamorphosen«. In dieser Schrift werden bereits viele Körpervarianten durchgespielt, welche die gender-geleitete Fantasie anregen und die Wollust befeuern. Männer und Frauen nehmen verschiedene Gestalten an; Daphne wird zum Lorbeerbaum, als Apoll zudringlich wird; Alpheus (den kennt kein Schwein) verwandelt sich in einen Fluss, um seiner Geliebten nahe sein zu können; Atlas wird zu einem Stein, nachdem sein Blick auf ein Gorgonenhaupt fällt. Das Potenzial der Körpervielfalten ist unbegrenzt.

Und selbstverständlich gibt es im Genderparadies für alle Geschlechter, die es nicht mehr gibt, die passenden Toiletten.

Im Reisebüro der Hindu Travel Agency »Living Forever in Another Body« empfing mich ein Yogi im Kopfstand. Es roch nach Räucherstäbchen und anderen fernöstlichen Substanzen. Leise Sitarmusik kam von irgendwo her. Der Yogi strahlte über das ganze Gesicht und fragte mich mit einem seltsamen Akzent auf Deutsch: »Was kann ich tun für Sie?« Ich bat ihn, mir indische Reiserouten ins Jenseits zu zeigen. Daraufhin begann er, mir mit großer Sanftmut die unendliche Reihe der Wiedergeburten vorzustellen: »Jeder Mensch hat viele Möglichkeit, immer wieder neu geboren zu werden. Die menschliche Seele passt in alle Formen von Körpern, hängt ab von Karma. Hast du Pech, wirst du geboren als Schwein oder Ratte. Wenn ganz blöd laufe, besteht Möglichkeit als Käfer, Fliege oder Floh wiederkommen. Ich kann dir erzählen von Fall, wo promovierter Regenwurm von vergleichende Religionswissenschaft wiedergeboren worden ist.«

Das indische Modell bietet tatsächlich unendlich viele interessante Variationen an.

Nachdem die Wahrscheinlichkeit für mein Leben nach dem Tod in Richtung Mücke tendierte, wie der Yogi nach einer ersten Einschätzung meines momentanen Karmas vermutete, war ich zunächst nicht abgeneigt. Ich sah mich als sommerliche Stechmücke am Nacktbadestrand eines bayerischen Badesees. Dort könnte ich viele Möglichkeiten nutzen, um mein Karma zu verbessern. Ich würde nach Möglichkeit Menschen stechen, die mir im vorherigen Leben das Leben vermiest haben. Da fielen mir einige ein. In Politik und Verwaltung. Der Beamte im Finanzamt beispielsweise, der immer annimmt, meine Steuererklärung sei nicht vollständig, gewisse Persönlichkeiten in Uniform, die in der Parkraumüberwachung ihr Unwesen treiben, dann die permanenten Linksfahrer auf der Autobahn, grüne Politiker, die uns vorschreiben wollen, wie wir zu leben haben, Bevormunder und Sektierer, die Schönredner und Weichspüler – sie alle würde ich heimsuchen, um mit einem Stich mein Gift in sie hineinzuspritzen. Ich allein wäre mit dieser Aufgabe natürlich total überfordert. Ich würde deshalb alle Stechmücken zu gemeinsamem Handeln aufrufen und schwarmweise anrücken. Artenübergreifend auch die Wespen und Hornissen zu Solidarität auffordern und dann als Armada über sie herfallen.

Mit Freude werde ich ihnen dabei zuschauen, wie der Juckreiz seine volle Wirkung entfaltet. Und wenn sie kratzen, bis das Blut hervorquillt, blase ich zum nächsten Angriff. Zweifellos werden wir Stechmücken und alle angeschlossenen Verbände von Schnaken und Bremsen damit den Hass der Menschheit auf uns ziehen. Die wird mit Sicherheit Gegenmaßnahmen ergreifen und versuchen, uns mit chemischen Waffen zu vernichten. Als stechende, blutsaugende Quälgeister hätten wir folglich nur ein kurzes Leben vor uns und könnten schnell wiedergeboren werden, selbstverständlich auf einer höheren Stufe der Wiedergeburtenkette.

Als gemeines Hausschwein zum Beispiel. Auch in dieser Inkarnation kann man viel für ein besseres Karma im nächsten Leben tun. Man kann grunzen und sich mästen lassen, um nach einem Jahr geschlachtet zu werden und einen schmackhaften Beitrag zur Ernährung zu leisten. Als Schwein auf einem niederbayerischen Bauernhof wiedergeboren zu werden, finde ich nicht die schlechteste Variante. Der Yogi meinte aber, dass die Wiedergeburt als Schwein immer ein Hinweis auf ein schlechtes Karma im letzten Leben sei. Ich sah im Geiste vor mir Millionen von Schweinen, die jedes Jahr zur Schlachtbank geführt werden. Wie viele Seelen mit miesem Karma muss es wohl geben, wenn so viele immer wieder als Schwein reinkarniert werden?

Eine einschneidende Veränderung für die Seelenwanderung ergibt sich meiner Meinung nach aus der bedrohlichen Zunahme des Artensterbens. In letzter Zeit werden wir von den Medien mit alarmierenden Meldungen über den dramatischen Rückgang der Insekten versorgt. Das große Bienensterben gefährde das Überleben der Menschheit. Das kann nur bedeuten, dass immer weniger Seelen im Insektenbereich inkarniert werden. Hat sich demnach die Menschheit insgesamt zum Guten hin entwickelt? Dieser Vermutung steht die bedrohliche Zunahme von multiresistenten Keimen entgegen. Sieht so aus, als wäre die Inkarnation in niedere Bereiche en vogue! Das allerdings wäre ein Beleg dafür, dass die Menschheit mehr zum Bösen tendiert.

Wenn es zukünftig immer weniger Arten gibt, wird es logischerweise für die zur Wiedergeburt vorgesehenen Seelen immer weniger Möglichkeiten zur Reinkarnation geben. Droht im Jenseits der Seelenstau?

Ein Ausweg wäre die körperliche Doppelbeseelung. Goethes Faust musste mit diesem Phänomen schon zurechtkommen. »Zwei Seelen wohnen, ach, in meiner Brust«, bekannte der Universalgelehrte.

Der Yogi konnte dazu wenig sagen, die Meldungen aus dem Jenseits dazu seien spärlich. Nach reiflicher Überlegung entschloss ich mich schließlich doch dazu, bei meinen christlich abendländisch geprägten atheistischen Jenseitsvorstellungen zu bleiben.

Bleibt nur der Glaube

Wer eine Reise ins Jenseits ins Auge fasst, begibt sich also selten in ein amtliches Reisebüro. Jenseitsreisen werden immer von Religionsanbietern organisiert, die allerdings letztlich doch wieder wie ein Reisebüro arbeiten.

Die Reise ins Jenseits hängt stark vom Veranstalter ab. Manche dieser religiösen Reisekaufleute treten als christliche Priester in Erscheinung. Sie sind immer toll gewandet und machen eine gute Figur. Vor allem im Range eines Kardinals, wie der Münchner Reinhard Marx, aber auch der heilige Heinrich Bedford-Strohm wirkt anziehend auf die Schar seiner Gläubigen und Ungläubigen. Irgendwie. Und wenn sie ein Theologiestudium absolviert haben, sind sie auf jeden Fall mit einer gewissen Jenseitskompetenz ausgestattet. Diese Leute sind in der Lage, jedem ein X für ein U vorzumachen, und versprechen das Blaue vom Himmel herunter. Sie predigen eloquent und viel, preisen den Herrn und auch sonst alles Mögliche, produzieren Sinn und schwärmen von himmlischen Freuden ohne Ende im Elysium.

Jenseitsberater gibt es aber in allen Religionen, und alle treten mit dem Anspruch auf, im Besitz der absoluten Wahrheit zu sein. Aufgeklärte Vernunftmenschen rümpfen jetzt die Nase und schauen agnostisch. Für diese Spezies ist die Angelegenheit damit erledigt. Allerdings gibt es auch gläubige Atheisten, die nicht aufhören können, sich in theologische Schriften zu versenken, um immer wieder zu beweisen, dass Religion zur *conditio humana* gehöre, aber ihre Aussagen streng wissenschaftlichen Kriterien nicht genügten. Die Theologie sei keine Wissenschaft, sondern gedeutete Rechtfertigung der Schriften. Alles eine Frage der Auslegung.

Falls Sie gläubig sein sollten, glauben Sie den Theologen, den Kirchenvätern, den Mullahs, den Patriarchen und allen, die mehr wissen über den Glauben, den Sie haben. Mit Beweisen können sie nicht dienen. Außerdem, was sind schon Beweise? Gott lässt sich nicht beweisen. Gott lässt sich erfahren! Wer sich auf die Gotteserfahrung nicht einlässt, bringt sich selbst um die Erkenntnis der Wahrheit! Darum kann es nicht oft genug gesagt werden. »Gott lässt sich bewahrheiten.« Wie Hans Küng betont. Kapiert? Wie? Nicht? Tja, dann sind Sie vielleicht ein hoffnungsloser Fall. Ich darf Sie trösten, es geht Ihnen wie mir.

Falls Sie auch so ein skeptischer Mensch sein sollten, können Sie alles abstreiten und Zweifel anmelden. Nur, das Gegenteil können Sie auch nicht beweisen! Nämlich, dass es Gott, die Auferstehung und das ganze Jenseits nicht gibt! So halten es ihnen die Glaubensvertreter entgegen und formulieren ihr Ätsch, wie Hans Küng, sehr umfangreich in dicken Büchern.

Es bleibt Ihnen und mir nichts anderes als der Glaube übrig. Falls Sie nun den Wunsch nach einer Reiserücktrittsversicherung haben sollten, muss ich Ihnen leider mitteilen, dass es meines Wissens noch nie jemandem gelungen ist, bei den herrschenden religiösen Anbietern eine solche Versicherung abzuschließen.

Es gibt andere Möglichkeiten, dem Tod ein Schnippchen zu schlagen. In den USA leben Menschen, die auf die Erkenntnisse der Kryonik vertrauen und sich nach ihrem Tod einfrieren lassen. Ob das hierzulande möglich ist, und ob die Firma Bofrost über die nötigen Kenntnisse dafür verfügt, weiß ich nicht. Ich rate von Selbstversuchen in der heimischen Tiefkühltruhe ab. Kryonik ist ein kompliziertes Verfahren.

Dabei geht es darum, in ferner Zukunft wiederbelebt zu werden in der Hoffnung, die Kunst der Medizin sei dann in der Lage, den Alterungsprozess aufhalten zu können. Der Körper wird in flüssigem Stickstoff tiefgefroren und in Kühltanks gelagert, bis es eines Tages (so Gott will!) zur Auferstehung kommt. Man wird von den Toten zum Leben erweckt. Es beugt sich nach dem Auftauen ein Gott oder eine Göttin in strahlendem Weiß über dich, tätschelt dir die Wangen und teilt dir liebevoll mit: »Hallo, aufwachen, wir schreiben das Jahr 3003, wir wollten Sie fragen, ob Sie weiterleben möchten?« Dieses Verfahren wird tatsächlich angeboten. Und es haben sich bereits über 200 Leute in die vertrauensvollen Hände dieser Kryoniker begeben. Man kann also auch im Diesseits auf ein Weiterleben nach dem Tode hoffen.

Es ist uns aufgesetzet

Warum das Bundesaußenministerium für Reisen ins Jenseits bisher keine Reisewarnung herausgegeben hat, ist mir völlig unverständlich. Jenseitsreisen gehören zu den gefährlichsten Trips überhaupt, aber das Auswärtige Amt schweigt.

Vielleicht existieren zwischen dem Staat und den Kirchen vertragliche Vereinbarungen, die Letzteren die alleinige Kompetenz in Jenseitsfragen zusichern? So eine Art Konkordat? Dafür gewährleisten die Kirchen bei internationalen Verantwortungsangelegenheiten mit »robustem Mandat« (Krieg im Namen der Freiheit und der Demokratie) religiösen Beistand. Also konkret hieße das, die Kirchen stehen Gewehr bei Fuß. Internationale Auslandseinsätze, bei denen »unsere Soldaten« ihr Leben für Freiheit und Demokratie einsetzen, werden von den Kirchen religiös begleitet. Solche Abmachungen gab es schon. Im Ersten Weltkrieg stand auf den Koppeln der deutschen Soldaten *Für Gott und Vaterland.*

Als Soldat hat man selbstverständlich andere Möglichkeiten, eine Reise ins Jenseits anzutreten, als als einfacher Zivilist. Ein Tod im Namen der Freiheit und der Demokratie hat eine ganz andere Sterbequalität als der eines Zivilisten, der nachts in seinem Haus von einer Bombe nach drüben befördert wird. Der Reiseantritt in Uniform ist eher das Privileg von jüngeren Männern und Frauen. Aber auch für ältere Menschen beiderlei Geschlechts ist das Angebot breit gefächert.

Es gibt jede Menge Reisen in Weltregionen, die ein größeres Gefahrenpotenzial bieten als beispielsweise Bayern. Wer in Mecklenburg-Vorpommern Urlaub macht, rechnet mit anderen Vorfällen als einer, der die Schönheiten Syriens in sich aufnehmen möchte. Passieren kann auf jeder Reise immer etwas. Das ist richtig. Und es passiert ja auch jede Menge weltweit.

Das Schicksal ist überall zu Hause. Deshalb ist der Tod mit dem Schicksal bestens befreundet. Das Schicksal nutzt alle Möglichkeiten und ist immer bemüht, für jeden individuell den Beginn der Reise ins Jenseits so spannend wie möglich zu gestalten. Heldennaturen nutzen in der Regel andere Chancen als eher vorsichtigere Persönlichkeiten. Extremsportler sind von Haus aus wagemutiger als Angsthasen, die sich schon in die Hose machen, wenn der Wetterbericht Föhn ankündigt.

Andererseits besteht sowieso immer überall Lebensgefahr. Wenn es sein soll, passiert es auch, weil »es uns aufgesetzt ist«, wie es im »Brandner Kaspar« heißt. Niemand entgeht seinem Schicksal. Man muss es aber auch nicht unbedingt herausfordern. Doch wenn es nicht anders geht, tja, dann muss es eben so sein.

Man wollte schon immer einmal einen Sprung in die Tiefe, »in den gähnenden Abgrund«, wagen. Bungee-Jumping soll irre toll sein! Der ultimative Kick! Freunde waren begeistert. Man lässt sich das Seil anlegen und springt, aber dummerweise wurde die Seillänge falsch berechnet. Shit happens. Du schlägst unten mit dem Kopf auf einen Felsen und brichst dir das Genick. Das war's.

Es kann jeden immer überall treffen. Hundertprozentige Sicherheit gibt es nicht. Das wissen wir. Udo Jürgens beispielsweise wollte nur einen kleinen Ausflug machen, er befand sich auf einem Spaziergang am Ufer des Bodensees, plötzlich brach er zusammen und war tot. Als er zu dem Spaziergang aufbrach, dachte er bestimmt nicht daran, dass er mit jedem Schritt dem Jenseits näher kam.

Im Irak oder in Afghanistan gibt es nicht so viele Seen, die zum Spazierengehen einladen, und dennoch sterben dort die Leute reihenweise, wenn ein Selbstmordattentäter seinen Glauben auslebt. In Gottesstaaten ist der Weg ins Paradies generell kürzer als in liberalen Rechtsstaaten.

Doch auch in »westlichen Demokratien« erklären sich Dschihadisten bereit, Menschen den Weg ins Jenseits zu verkürzen. Die Chance, durch einen Terroranschlag ums Leben zu kommen, ist im Westen trotz allem geringer als im Straßenverkehr umzukommen. Rein statistisch ist die Gefahr, bei einem Autounfall tödlich zu verunglücken, wesentlich größer. Trotzdem, wenn ich wählen könnte zwischen einem christlichen Verkehrsunfall und einem islamistischen Terroranschlag, ich glaub, ich würde mich für den christlichen Autounfall entscheiden. Absurde Überlegung! Ich weiß. Gefragt wird man ohnehin nicht.

Die Reise ins Jenseits kann man auf vielen verschiedenen Routen antreten. Freunde von mir träumen davon, mit einem Boot den Amazonas hochzufahren. Auf einer Amazonasreise gibt es viele Gelegenheiten, vor der Zeit zu sterben. Der Abenteuertod erfreut sich überhaupt nach wie vor großer Beliebtheit. Wer in die »grüne Hölle« reist, den erwartet ein breites Spektrum von möglichen Todesgefahren.

In Australien, las ich neulich in einem Reiseratgeber, lebt eine kleine Spinnenart, deren Biss zum sicheren Tod führt. Und trotz dieses Risikos lassen sich viele Erholungshungrige davon nicht abhalten und nehmen die Strapazen eines sehr langen Fluges nach Down Under auf sich.

Sterben kann man jederzeit überall. Ist das nicht beruhigend? Stellen Sie sich vor, Sie hätten einen festen Termin für Ihren Tod. Und dann kommt Ihnen was dazwischen! Doof, was? Es ist doch besser so, wie's ist. Zum eigenen Begräbnis kommt keiner zu spät! Ist das nicht ein Trost?

Die Trauergemeinde zieht am offenen Sarg vorbei. Eine Frau flüstert: »Wie friedlich er ausschaut, so entspannt, braun gebrannt, direkt gesund!«

»Logisch«, sagt ihr Mann. »Er kommt ja grad aus dem Urlaub mit seiner jungen Frau. Das hat ihm den Rest gegeben.«

Frohe Weihnachten

Vor vielen Jahren wurde die Freude über die Ankunft des Herrn in unserer Familie am Heiligen Abend ziemlich getrübt. Es kam nicht nur das Christuskind, es kam auch der Tod. Mit einem Schlag waren wir alle sehr traurig.

An diesem 24. Dezember waren wir alle wie die Jahre davor auch mit den üblichen Vorbereitungen für das Weihnachtsfest beschäftigt. Wenn ich »wir« sage, meine ich damit meine Familie. Meine Frau Rosi, unsere zwei Kinder, meine Brüder, unsere Eltern, die in Passau ihren Lebensabend genossen.

Das Fest der Familie nahte. Die Vorfreude war angemessen groß. Die Kinder waren ordentlich aufgeregt, die »Briefe ans Christkindl« waren geschrieben und abgeschickt worden, die Geschenke besorgt, trotzdem war viel zu tun. Der Baum stand noch ungeschmückt im Wohnzimmer, zur Bescherung sollte er festlich erglänzen. Mir fiel die Aufgabe zu, »die letzten Einkäufe« an Heiligabend zu erledigen. Der Einkaufszettel war wie immer lang. Ich würde mehrmals gehen müssen. Logisch, das Festessen für die Feiertage und die seltsame Angst, es könnte am Ende etwas fehlen, bestimmten mein Denken. In den Läden herrschte diese merkwürdig geschäftige und gleichzeitig ruhige Betriebsamkeit, die mir schon als Kind vor Feiertagen aufgefallen war. Trotz der Anspannung hörte man ständig die Menschen fröhliche Wünsche ausrufen: »Schöne Feiertage, frohe Weihnachten!« Ich bekam natürlich noch einen Kalender geschenkt und einen weiteren zuckersüßen Piccolo. Die freudig erregte Endzeitstimmung kurz vor Beginn der Feiertage war überall zu spüren.

Das Wetter war angenehm mild, die Hoffnung auf weiße Weihnachten war seit Tagen verschwindend gering. Es herrschte Föhn. So weit also alles »im grünen Bereich«.

Als ich schwer bepackt mit Einkaufstaschen und Tüten in die Wohnung zurückkehre, kommt mir Rosi entgegen. Ich merke an ihrem Gang, ihrer Gestik, ihrer Miene, ihrer ganzen Körperhaltung, dass etwas nicht in Ordnung ist. Ich ahne Unheil.

»Dein Vater ist gestorben«, sagt sie und schaut mich mitfühlend an.

Ich spüre, sie wollte diese Nachricht nicht mitteilen müssen. Hilflosigkeit umgibt sie. Dein Vater ist gestorben, wiederhole ich im Geiste. Sie hat diesen Satz mit einer unausweichlichen Gewissheit gesagt, die keinen Zweifel an dieser Botschaft aufkommen lässt.

Ab sofort gibt es eine weihnachtliche Stimmung *vor* und eine sich rasant in mir und der ganzen Familie ausbreitende Traurigkeit *nach* diesem Satz, die dieses Weihnachtsfest dunkel einfärbt. Die vier Worte »Dein Vater ist gestorben« trennen das Leben in ein Davor und ein Danach. Ein Gefühl der Ohnmacht befällt mich. Nichts zu machen! Endgültigkeit! Ein mächtiges Nein will aus mir raus. Es zerplatzt in mir wie eine Seifenblase, bevor ich es aussprechen kann. Vor der Trauer kommt bei mir ein stiller Zorn! Auf wen? Auf den da oben? Auf den Tod? Das kann nicht sein, denke ich. Der Zorn bleibt drin. Erstickt von allein.

Das gibt es nicht, denke ich. Den Tod hatte ich nicht erwartet am Heiligen Abend! Die Frage »warum?« verkneife ich mir, weil sie sinnlos ist. Ich will widersprechen. Widerspruch entspricht meinem Naturell. Aber dieses für mich typische Muster funktioniert nicht. Eine Widerrede findet nicht die passenden Worte. Ich akzeptiere diesen Tod nicht! Will ich sagen. Sag es nicht. Ich frage mich, ob die Situation wirklich ist. Bin ich ganz klar im Kopf? Auch eine absurde Reaktion, wie ich sofort feststellen muss. Es ist ganz einfach: Der Tod hat deinen Vater geholt. Akzeptiere es! Aber glauben kann ich es nicht. Der Tod hat sich im Termin geirrt.

»Ruf den Gerhard an«, fordert mich Rosi sanft auf. Meinem Bruder fiel die Aufgabe zu, die unheilvolle Botschaft zu überbringen. Ich geh ans Telefon. Ruf ihn zurück. Meine Mutter geht ran. »Ich versteh das nicht«, sagt sie. »Er war doch einmal die Woche beim Doktor.« Sie reicht den Hörer weiter. Mein Bruder berichtet, dass die beiden, Vater und Mutter, beim Einkaufen gewesen seien, in der Nibelungenpassage. Die Mutter sei mit der Rolltreppe ins Untergeschoss in die Lebensmittelabteilung gefahren. Der Vater habe im Café oben auf sie warten wollen. Er bestellte wohl noch einen Kaffee, aber als die Bedienung die Tasse zu ihm an den Tisch brachte, rührte er sich nicht mehr. Man rief sofort den Notarzt. Wiederbelebungsversuche waren nicht erfolgreich. Es war nichts mehr zu machen. Das Herz war einfach stehen geblieben. Sekundentod! Uhr abgelaufen. Als die Mutter aus dem Untergeschoss mit der Rolltreppe nach oben gefahren sei, sei sie mit der traurigen Wahrheit konfrontiert worden. Die Stimme meines Bruders klingt gefasst. Ernst, sehr ernst. Er hat die Lage im Griff. »Wir haben das Nötige veranlasst. Das Bestattungsinstitut habe ich angerufen.« Es geht alles seinen geregelten Gang. »Mach dir keine Sorgen, wir machen das schon.«

Sorgen? Warum sollte ich mir Sorgen machen? Mein Vater hat das Schlimmste hinter sich. Für ihn war es ein schöner Tod. Sein Leben ist von einer Minute auf die andere friedlich zu Ende gegangen. Er starb im Café in aller Öffentlichkeit mitten unter den Leuten. Er bewies damit, dass der Satz »der Tod gehört zum Leben dazu« wahr sein kann. Er musste kein langes Siechtum ertragen, kein Leiden, der Tod war gnädig. Das tröstet uns wenig. Für uns ist es schlimm, für unsere Mutter katastrophal, unfassbar und unerträglich.

Mein Bruder Walter verbringt mit seiner Frau Britta diesen Heiligen Abend mit unserer Mutter im Trauerhaus in Passau. Der kleine künstliche Christbaum bleibt ab diesem Weihnachtsfest zehn Jahre lang ungeschmückt im Wohnzimmer auf einem kleinen Tisch in der Ecke stehen. Er symbolisiert eine zehnjährige Trostlosigkeit, die sich mit dem Tod der Mutter noch einmal manifestiert und dann allmählich auflösen wird.

Am zweiten Weihnachtsfeiertag fahre ich mit dem Zug nach Passau. Rosi rät mir, meinen Vater noch einmal anzuschauen. »Du musst ihn sehen, um Abschied nehmen zu können.« Es schneit dicke Flocken, als wir abends durch die engen Gassen der Innstadt zum Leichenschauhaus fahren. Wir sind mit den Angestellten des Bestattungsunternehmens verabredet. Ich lese auf einem Schild *Kranzanlieferung*. Wir betreten durch den rückwärtigen Eingang den düsteren Raum, in dem mehrere Särge nebeneinander aufgereiht stehen. Die Bestatter sind mit Blumengebinden und Kränzen beschäftigt. Ruhige und würdevolle Bewegungen und Gesten bestimmen ihr Handeln. Ich habe als Ministrant viele Male mit Pfarrer Kufner vor Särgen gestanden. Unweigerlich klingt in mir das »Wolltest, o Herr, der Sünden gedenken, Herr, wer würde dann noch bestehen …«. Bilder von unzähligen Aussegnungen flackern in meiner Erinnerung auf. Es herrscht eine dunkle, von den wenigen Kerzen schwach erhellte Lichtstimmung. Die Männer drehen die Schrauben aus dem Sarg, in dem mein Vater liegt. Sie heben den Deckel an und stellen ihn zur Seite. Wir treten näher. Meine Mutter streichelt meinem Papa die Wangen. Er trägt seinen »guten schwarzen Anzug«. Weißes Hemd, passende Krawatte. Das ist nicht sein Knoten, denke ich. Er hat mir, als ich meine erste Krawatte anlegte, den einfachen Knoten beigebracht. Dann bemerke ich, dass er keine Schuhe trägt. Keine Socken. Die Füße sind nackt. Er wird barfuß drüben ankommen. Warum? Vergessen! Zu spät.

Mir fällt ein, dass er mit Schuhen immer ein wenig auf Kriegsfuß stand. Sie haben ihm die Hände gefaltet. Kraftvolle Hände, die zupacken konnten. Manchmal auch ausrutschen konnten. Selten.

Wir stehen und schauen. Meine Mutter weint. Ich bin sehr traurig, aber zum Weinen ist mir nicht zumute. Mir kommt die Szene in den Sinn, wie er mich aufforderte, ihn mit seinem Mercedes Diesel nachts um 23 Uhr aus dem *Gasthaus zur Rose* abzuholen. Als ich ihn darauf hinwies, die Führerscheinprüfung noch nicht absolviert zu haben, meinte er nur: »Weiß ich, weiß ich. Aber du kannst doch Auto fahren, oder hast du etwa Angst?« Das Wort »Angst« artikulierte er auf eine für ihn typische Weise dermaßen provokant und voller Ironie, dass ich die Frage nur verneinen konnte. Natürlich hatte ich Angst, als ich den Mercedes um halb elf aus der Garage kutschierte und bei strikter Einhaltung aller Verkehrsregeln in die Innenstadt lenkte. Pünktlich um 23 Uhr verließ er das Lokal, wo er mit Freunden Skat spielte und immer mit Gewinnen den Tisch verließ. Als wir zu Hause auf den Hof fuhren, meinte er mit seinem trockenen ostpreußischen Akzent: »Geht doch! Manchmal fehlt noch das Gefühl, aber im Großen und Ganzen kann man dich schon fahren lassen. Und nun aber ab in die Heia, morgen ist wieder früh Tach!« So war er. Bloß nicht zu viel Lob. Lob macht die Leute übermütig.

Ich sage leise: »Pfiatdi, Papa!« Ich bilde mir ein, dass er lächelt. Wir gehen. Die schwarzen Männer schließen den Sarg erst, nachdem wir den Raum verlassen haben.

Mausdreckerltot

Waren Sie schon einmal tot? Nicht nur scheintot wie im Film oder im Theater, sondern richtig tot, mausetot, »mausdreckerltot«, wie wir in Niederbayern sagen, wenn es einen »derbröselt« hat? Diese Ausdrucksweise finden Sie wenig pietätvoll? Das kann schon sein. Der Dialekt beschreibt die Dinge direkter und damit genauer. Wenn in Niederbayern einer gestorben ist, sagen die Leute selten »der Herr hat ihn zu sich genommen« oder »abberufen«, nein, dann heißt es »den hat's weggrissen« und »der schaut jetzt die Radieserl von unten an«.

Wenn einer tot ist, beginnt ein neuer Lebensabschnitt. Ludwig Wittgenstein sagte: Den eigenen Tod erlebt man nicht! Woher wollte er das wissen? Als er den Satz sagte, lebte er noch. Wirklich sensationell wäre diese Botschaft gewesen, wenn er sie uns nach seinem Tod übermittelt hätte. Nur leider erzählt uns nie einer seine Todesgeschichte. Lebensgeschichten gibt es in Hülle und Fülle zu lesen, dabei ist das Leben in der Regel wesentlich kürzer als der Tod, der überhaupt nicht mehr aufhört anzudauern. Er ist nachhaltig. Nachhaltiger geht's nicht. Und der Körper ist ökologisch voll kompostierbar. Der Tod ist ein Grüner!

Tot bedeutet ja nicht, dass nichts mehr los ist im Körper. Im Gegenteil, da geht's ab, da ist Leben drin. Aber hallo! Nachdem die körpereigene Abwehr den Dienst eingestellt hat, beginnt sofort der Zerfall des Körpers. Da wird nicht lange rumgetrödelt. Die zersetzenden Truppen, Maden vor allem und Bakterien, warten nur darauf, bis sie endlich loslegen können.

Kennen Sie das Bild von Rembrandt, »Die Auferweckung des Lazarus«? Wenn nicht, sollten Sie es unbedingt einmal zur Einstimmung auf Ihren eigenen Tod betrachten. Vorfreude ist ja bekanntlich die schönste Freude. Man kriegt dann schon mal eine ungefähre Vorstellung von dieser Lebensphase. Jesus weckt seinen Freund Lazarus wieder von den Toten auf. So wie der Lazarus auf dem Bild dreinschaut, war seine Auferweckung für ihn auch kein Honigschlecken. Bitte, ich mag mich täuschen, aber richtig fit schaut er nicht aus der Leichenwäsche. Er schaut elend drein. Ein bisschen angefault kommt er mir vor. Sicher riecht er auch nicht gut. Erfreut schaut er jedenfalls nicht aus. Man könnte fast meinen, er wäre lieber tot geblieben.

Man muss sich das mal vergegenwärtigen, er lag bereits vier Tage im Grab und hatte sich auf das Leben unter Tage vermutlich schon eingestellt, als Jesus ihn unverhofft ins Leben zurückholt, nur um seinen Jüngern zu beweisen, was für unheimliche Tricks er draufhat. Anders kann man das doch nicht nennen, wenn einer ungefragt Tote aufweckt. Im Grunde genommen liegt hier ein besonders schwerer Fall von Störung der Totenruhe vor. Ich bin kein Jurist, und bisher hat sich zu der Lazarus-Geschichte auch kein Jurist gutachterlich geäußert, aber fragen darf man schon, warum sich Jesus dermaßen aufspielen muss.

Andererseits kann er gar nicht anders, weil er Teil einer Heilsgeschichte ist. Die Schrift muss sich erfüllen! Dagegen kann selbst der Sohn Gottes nichts ausrichten. Er hat sich gefälligst zu fügen. Anordnung von ganz oben!

Jesus geht also mit seinen Jüngern ans Grab und holt den Lazarus in die irdische Existenz zurück. Der wird logischerweise noch mal sterben müssen, um das ewige Leben zu bekommen. Mich hätte interessiert, was der Lazarus in seinem Grab als Toter empfunden hat. Liegt man da nur so rum, oder passiert da noch etwas? Wie reagiert man, wenn jemand oben ans Grab tritt, um beispielsweise zu beten? Kriegt man davon irgendetwas mit unten? Darüber erfahren wir rein gar nichts.

Ich war schon mal so gut wie tot. Also nicht richtig. Sonst könnte ich ja jetzt nicht am Computer sitzen und diese Geschichte schreiben.

Ich hatte kein Nahtoderlebnis, und wenn doch, kann ich mich daran nicht erinnern. Ich fuhr mit meinem Motorrad, weil ich einmal ein Easy Rider war, von der Ungererstraße kommend Richtung Mittlerer Ring. Es war ein heißer Julitag. Die Sonne stand tief. Jemand in einem Auto nahm mir die Vorfahrt, hatte mich nicht kommen gesehen, weil die Sonne ihn vermutlich blendete. Zeugen sagten aus, der Wagen habe mich voll von der Seite erwischt, ich sei nach dem Aufprall Richtung Englischer Garten geflogen und hätte wie tot auf der Erde gelegen. Ich kam erst wieder im Rettungswagen zu mir. Wusste nicht, wie mir geschah. Lag auf einer Bahre. Ein Sanitäter sagte: »Sie haben einen Unfall gehabt«, und fragte mich, ob ich mich an irgendetwas erinnern könne. Nein, von dem Unfallhergang weiß ich bis heute nichts. Es gibt wieder nur ein Davor und ein Danach. Dazwischen herrscht tiefe schwarze Nacht. Nicht einmal Nacht, nein, nichts ist da. Rein gar nichts.

Ich hätte einen Schutzengel gehabt, wurde mir am Krankenbett immer wieder gesagt. Ja, das kann sein, dass ich tatsächlich einen hatte. Ich würde mich gern bei ihm bedanken, nur leider hat er sich bisher nicht bei mir gemeldet. Vermutlich hat er einfach noch keine Zeit dazu gefunden. Schutzengel haben immer sehr viel zu tun.

Froher Heide

Ein Priester und Professor für Wirtschaftsethik, mit dem ich über fundamentaltheologische Themen in Streit geriet, attestierte mir vor einiger Zeit, ich sei »katholisch total versaut«. Da konnte ich nur noch zustimmen. Katholisch versaut! Oder wie ich immer sage: katholisch zugerichtet. Denn obwohl ich schon vor 42 Jahren aus der römisch-katholischen Kirche ausgetreten bin, wundere ich mich nach wie vor, wie katholisch ich im Grunde meines Herzens immer noch bin. Unheimlich katholisch! Zu Weihnachten feuere ich meinen kleinen Weihrauchkessel an und räuchere damit in allen Räumen unserer Wohnung, bis alle nur noch husten und die Fenster aufreißen. Ich schmökere in theologischen Schriften, blättere in meinem alten Schott, lese in der Bibel und nutze jede Gelegenheit zur Kritik an der katholischen Kirche. Eigentlich geht mich diese Religionsgemeinschaft gar nichts mehr an, aber ich kann nicht aufhören, mich mit ihr auseinanderzusetzen.

Vielleicht hat es damit zu tun, dass mich im Jahre 1975 ein sehr katholischer Mensch bei der Staatsanwaltschaft Passau wegen Religionsbeschimpfung und »Erregung eines öffentlichen Ärgernisses« anonym anzeigte. Wir, vier aufstrebende Jungkabarettisten – *Die Verhonepeopler*, es fiel uns leider kein besserer Name ein –, hatten vor ausverkauftem Haus unser satirisch angelegtes Stück »Die Himmelskonferenz« aufgeführt, das beim Publikum großen Anklang fand. Wir hatten einen Riesenspaß dabei, die örtlichen Vertreter der katholischen Kirche fanden uns weniger lustig und konnten ihren Schmerz darüber nur über eine anonyme Anzeige lindern.

In unserem satirischen Stück griffen wir aktuelle Themen auf und verbanden sie in überzeichnender Weise mit katholischen Glaubensinhalten. Die Mitte der 1970er-Jahre virulente Abtreibungsdebatte um die Neufassung des Paragrafen 218 verlagerten wir in den Himmel, wo sich die hochschwangere Gottesmutter Maria hartnäckig weigert, den Namen des Vaters preiszugeben. Der Heilige Geist, schwer angetrunken, streitet die Vaterschaft ab. »Ich war's nicht! Desmoi suachts eich an anderen!« Maria ist verzweifelt und zieht in ihrer Not eine Abtreibung in Holland in Erwägung. Das war die zugespitzte Situation in unserem Stück, und sie entsprach exemplarisch der Lage vieler Frauen.

Vielleicht waren unsere Anspielungen tatsächlich etwas derb. Die einen sagen so, die anderen so. Es ging uns jedenfalls nicht um eine Verunglimpfung des Glaubens, wir nahmen nur das Dogma der Jungfräulichkeit Mariens für die satirische Kenntlichmachung eines aktuellen Zusammenhangs in den Dienst. Das war selbstverständlich nicht erlaubt, weil es sich nicht gehört. So etwas tut man einfach nicht!

Nun reagieren gläubige Katholiken nicht immer mit der ihnen gebotenen Nächstenliebe. Ich kann ihnen das nicht übel nehmen. Sie sind halt auch nur Menschen, die ihrem Ärger Luft machen müssen. Ein Hagel von Diffamierungen und Beschimpfungen ging über uns nieder, der uns einerseits überraschte, andererseits in unserer kirchenkritischen

Haltung nur bestärkte. Einige hätten uns am liebsten direkt in die Hölle geschickt. Andere beteten für uns, Gott möge uns auf den rechten Weg zurückbringen. Hoffe ich zumindest. Egal, wie viele uns verfluchten oder mit guten Segenswünschen bedachten, ich war nach dieser anonymen Anzeige stinksauer. Ich ging ins Rathaus und trat aus der Kirche aus. Steuerliche Überlegungen spielten dabei keine Rolle, denn ich war damals Student und hatte kein Einkommen. Seitdem lebe ich als froher Heide, und es geht mir sehr gut dabei.

Von Zeit zu Zeit fragt mich mein Privatmissionar Johannes, ob ich mir nicht vorstellen könnte, wieder einzutreten? Regelmäßig startet er einen neuen Versuch, mich in den Schoß der Mutter Kirche zurückzuführen. Ich kann es mir aber nicht vorstellen, diesem Verein je wieder beizutreten. »Dann werden wir uns drüben nicht mehr sehen!«, verkündet er traurig.

Und ich: »Glaub ich nicht.«

Er, mit unverkennbarer Ironie: »Du wirst in die Hölle kommen.«

An dieser Stelle lachen wir immer, weil es ein wiederkehrender Dialog ist, den wir mit kleinen Abweichungen variieren.

»Wenn Gott die Liebe ist, kann es keine Hölle geben«, halte ich ihm entgegen. »Wir werden dann alle bei ihm sein und ihn schauen. Vorausgesetzt, es gibt ihn.«

Und er darauf: »Dein Wort in Gottes Ohr.«

Johannes wird von allerlei Schuldgefühlen geplagt und hofft auf Vergebung beim Jüngsten Gericht. Schon mehrmals hab ich ihn gefragt, was er denn so Schlimmes angestellt habe. Er habe einfach in seinem Leben oft versagt, vor allem in seiner Ehe. Ich kann in solchen Momenten nur den Kopf schütteln, weil ich kein Versagen erkennen kann, das zu solch heftigen Schuldgefühlen führen könnte.

Er lebe in permanenter Todsünde, bekennt er ernst.

»Mach keinen Ärger!«, rufe ich.

»Weil ich nach katholischem Ritus getraut bin und die Ehe bis in alle Ewigkeit geschlossen gilt.«

»Ich weiß«, stimme ich zu. »Was Gott der Herr verbunden hat, das darf der Mensch nicht trennen.«

Er lebe nun schon Jahre mit einer Frau zusammen, die nicht mit ihm verheiratet sei. Ob ich wisse, was das bedeute?

»Klar«, sage ich. »Unzucht!« Ich schaue ihm in die Augen und biete an, ihm die Beichte abzunehmen. »Ego te absolvo«, murmle ich und segne ihn.

Er lacht. »Der Herr wird mich zur Rede stellen«, mutmaßt er.

»Ich steh dir bei!«, verspreche ich ihm. »Warum, wird er fragen, hast du dich von mir entfernt? Und dann antwortest du, schlage ich vor: Weil du mich nicht zurückgehalten hast, diese Ehe einzugehen! Noch leben wir«, versuche ich dann, dem Gespräch eine freundlichere Richtung zu geben.

Aber heute gelingt mir das nicht. Johannes bleibt aufs Jenseits orientiert. Vor ein paar Tagen hat er an einer Beerdigung teilgenommen. Ein alter Freund ist nach langem Leiden verstorben. Krebs. Der Tod sei eine Erlösung für ihn gewesen. Er habe es hinter sich.

»Wie alt?«

»Unser Alter.«

Es entsteht eine nachdenkliche Pause. Unser Alter, wiederhole ich in Gedanken. »Wir müssen dankbar sein, dass wir es bis jetzt ohne ernsthafte Krankheiten geschafft haben«, sage ich laut.

Johannes ist Arzt und verkündet unvermittelt: »Es kann von einer Minute auf die nächste alles aus sein.«

Das Gespräch nimmt jetzt auf einmal einen überraschenden deprimierenden Verlauf.

»Im Jenseits herrscht Stillstand«, behaupte ich. »Es passiert nichts mehr. Die Zukunft ist abgeschafft. Ende der Geschichte. Gott will keine Vergangenheit mehr. Deshalb schafft er die Gegenwart ab. Die Zukunft ist überflüssig. Die Zeit bin ich, spricht der Herr!«

Ich krieg meinen apodiktischen Predigtton.

»Gott vollendet seine Schöpfung und zieht den Vorhang zu. Er hat die Faxen dicke! Es reicht. Aus, Äpfel, Amen! Der letzte Sonntag hört nicht auf.«

Johannes schaut mich aufmerksam an. »Und Gott sah, dass es gut war.«

»Von wegen! Nichts war gut. Von Anfang an *war* nichts gut. Verstehst du mich, Johannes? Er sah, dass es gut war. Wenn da steht, dass es gut war, dann wird die Zeitform der Vergangenheit gebraucht. Das heißt, davor ist es gut gewesen, aber zum Zeitpunkt, als er sieht, dass es gut war, ist alles vorbei von Anfang an.«

Johannes: »Magst nicht doch wieder eintreten?«

Kants Annahmen

»Es ist niemals zu spät, vernünftig und weise zu werden.«
Dieses Bestreben ist auch dem größten Idioten nicht fremd.
Doch muss er scheitern, weil ihm die Anlagen dazu fehlen.
Oder wie ich immer sage: Der gescheite Depp ist noch
ärmer dran als der depperte Depp. Der depperte Depp merkt
ja nicht, wie blöd er ist. Der gescheite Depp aber meint, er
sei klug!

Vernünftig und weise? Geht das überhaupt zusammen?
Vielleicht schon. Kant soll ja ein lustiger Kerl gewesen sein,
der in Gesellschaft vor Witz sprühte. Wer einmal in eine
seiner drei berühmten Kritiken hineingelesen hat – die
»Kritik der Urteilskraft«, die »Kritik der reinen Vernunft«
und die »Kritik der praktischen Vernunft« –, wird selten auf
jenen Sprühwitz stoßen, den er angeblich bei Tisch zum
Besten gab. Das meiste, was er uns hinterlassen hat, wirkt
trocken wie ein alter Leibniz-Keks. Weisheit und Witz
schließen sich nicht unbedingt aus. Weisheit gehörte aber
nach meinem Dafürhalten an und für sich nicht zu Kants
Spezialdisziplin. Die Vernunft schon!

Es gibt kluge Denker, die glauben, dass er die Annahme
einer jenseitigen Welt für gerechtfertigt ansah. Er ging also

von einem Leben nach dem Tod aus? Würde mich ziemlich überraschen, zumal er sich mit Lust der Schrift seines Zeitgenossen Emanuel Swedenborg widmete, um dessen metaphysische Ausführungen nach allen Regeln der philosophischen Kunst auseinanderzunehmen. Kant nennt diesen Swedenborg einen »Geisterseher«. Swedenborg forderte Kant heraus, weil er den »Nachweis einer anderen Wirklichkeit« behauptete. Kant haut ihn in die philosophische Pfanne und brutzelt ihn ordentlich her. Umso erstaunlicher ist für mich, dass der große Aufklärer, der kühle Rationalist mit dem imponierenden Namen Immanuel – gottähnlich – schließlich selbst ins Paradies schauen will und den Glauben an die Unsterblichkeit für gerechtfertigt hält. Ich reibe mir die Augen. Das muss nichts bedeuten. Nach Kant-Lektüren ist mir schon während meines Studiums oft nichts anderes übrig geblieben, als mir die Augen zu reiben. Eine Übersprungshandlung, die mein latentes Unvermögen, Kant zu verstehen, anzeigt.

Er, der Vernünftigste unter den Vernünftigen, unser großer Philosoph, der Kritiker der Vernunft, will sich den Glauben an ein Leben nach dem Tod nicht nehmen lassen? Mal abgesehen davon, dass Argumente an der Jenseitsgrenze eh wirkungslos werden – es stehen dort bestimmt große Tonnen, in die man sie treten kann, wenn man nicht mehr weiß, wohin damit –, finde ich Kants Argument für ein postmortales Dasein schon bedenkenswert. Sein Sprung in die Unsterblichkeit kommt ziemlich stringent daher. Sagt man so? Ja, kann man sagen, wenn man besonders intellektuell wirken will.

Er setzt an bei seinem kategorischen Imperativ, den ich an dieser Stelle nicht schon wieder aufsagen will, weil ich davon ausgehe, dass Sie, liebe am Jenseits interessierte Leser, ihn sowieso schon mehr als einmal in sich aufgenommen haben. Ich darf an dieser Stelle aber zum besseren Verständnis noch einmal auf den von mir formulierten bayerischen Imperativ verweisen, der sich nicht nur in Bayern großer Beliebtheit erfreut, sondern sich weltweit als oberste Handlungsrichtlinie durchgesetzt hat:

Handle so, dass du bei allen, denen du Schaden zufügst, Anerkennung dafür bekommst.

Wie Sie leicht erkennen können, handelt es sich dabei um ein postmodernes Upgrade der berühmten Maxime, die auf Kants Menschenbild zurückgeht.

Der Mensch hat einen freien Willen, lehrt Kant, er kann damit das »sittlich Gute« anstreben, was er auch immer wieder versucht. Die Erfahrung lehrt jedoch, dass der Mensch – wiederum auf Kant rekurrierend – »aus krummem Holz geschnitzt ist«. Er strebt das sittlich Gute an, aber aus vielerlei Gründen erreicht er es nie, wie jeder aus der persönlichen Erfahrung weiß. Der Mensch sucht seinen Vorteil, führt sich auf wie die Sau, verhält sich egoistisch, betrügt, lügt, wird zum Ellenbogentier. Er lebt am »sittlich Guten« vorbei. Selbst »sittlich hochstehenden« Persönlichkeiten wie Pfarrern, Pastoren, Päpsten und anderen Vereinspräsidenten gelingt es nicht immer, dem »sittlich Guten« den nötigen Raum einzuräumen. Nobody is perfect.

Ich will kein verzerrtes Bild zeichnen. Das liegt mir ausnahmsweise einmal fern! Selbstverständlich gibt es auch Menschen, die sich moralisch einwandfrei verhalten, die nie ein Gesetz übertreten, die nie auch nur einen Cent Steuern verkürzen, die den Müll trennen, dem »ökologischen Fußabdruck« auf den Fersen bleiben, ihre Kinder nicht impfen lassen, kurz: die immer das Wohl der gesamten Menschheit im Auge behalten. Ihnen fällt die schwere Aufgabe zu, allen anderen, »die im moralischen Sinne noch nicht so weit sind«, Vorhaltungen machen zu müssen und sie zum Wohle der Gemeinschaft zur Besserung zu ermahnen.

Solch edle Charaktere trifft man häufig in Aktivistenkreisen an, wo sie gern auch sehr religiös sind und aktiv für den Weltfrieden eintreten, ebenso aktiv die Menschenrechte auch für Tiere fordern, aktiv mit Pflanzen vegane Beziehungen eingehen, aktiv für Gleichheit, Frieden, Gerechtigkeit, die »Aufhebung der Geschlechterdifferenz« und dergleichen mehr kämpfen.

Solche Ziele werden natürlich nicht an einem Tag erreicht. So etwas dauert viele Jahre, bis alle dasselbe Morallevel erklommen haben.

Das »sittliche Gute«, um wieder auf Kant zurückzukommen, bedarf lebenslänglicher Anstrengungen. Ein Leben reicht dafür nicht aus! Deshalb zieht Kant eine Fortsetzung der Entwicklung hin zum sittlich einwandfrei handelnden Menschen im ewigen Bereich in Erwägung. Ja, Sie haben richtig gelesen! Kant glaubt an die Notwendigkeit einer postmortalen Existenz. Dem Bedürfnis nach Vervollkommnung des Menschen entspricht die Annahme eines Lebens nach dem Tod.

Kant ist schon klar, dass mit dieser Logik nichts bewiesen ist, aber die Annahme ist gerechtfertigt. Sagt er. Er redet uns den Glauben an das ewige Leben nicht aus, er topft die spekulative Pflanze nur um. Er nimmt sie weg vom Feld der Gewissheiten und gräbt sie im Acker des Glaubens wieder ein, wo sie bis heute gedeiht. Unsterblichkeit ist in moralischer Hinsicht sinnvoll, weil mit diesem Postulat der Mensch eine zweite Chance erhält, sich im Jenseits zu verbessern und sich im Sinne der Kant'schen Pflichtethik zu entwickeln. Ich nehme an, dass Gott der Herr Kant längst gelesen hat und mit ihm die Annahme der Bedingungen der Möglichkeit des menschlichen Verstandes unaufhörlich bis in alle Ewigkeit diskutiert.

Solange man lebt, ist der Glaube an die Unsterblichkeit praktisch. Der sittlich unfertige Mensch, der vom Bösen belauert wird und ständig Gefahr läuft, seinen Schwächen zu erliegen, darf im Jenseits darauf hoffen, weiter an seiner Vervollkommnung zu arbeiten. Tolle Aussichten, was?

Immanuel Kant befindet sich ja nun auch schon einige Jahre drüben im Jenseits. Er wird zu tun haben und an seiner eigenen Vervollkommnung arbeiten. Ich hege die Hoffnung, dass er uns eines Tages wieder mit einer Kritik überraschen wird. Mit der »Kritik der reinen Kritik« vielleicht. Mit einem Vorwort von Gott persönlich. Selbstverständlich enthält das Werk nur »letzte Wahrheiten«. Kant selbst definierte »Wahrheit« als »regulative Idee«. Diese Festlegung hat mich beim ersten Lesen zu einem Kant-Fan gemacht. Eine regulative Idee können nur Subjekte haben, also Menschen. Gott ist die Wahrheit, also eine regulative Idee. Gott existiert als Idee in den Gedanken und Vorstellungen, die sich Menschen von Gott machen.

Mit dem Leben nach dem Tod verhält es sich genauso. Und doch ist diese Idee laut Kant berechtigt, weil es sich mit der Aussicht auf ein Leben im Jenseits besser lebt.

Mit dem sittlich Guten verhält es sich ähnlich. Es existiert auch als regulative Idee. Nach Abzug aller persönlichen Vorteile, ohne einen Lohn dafür zu bekommen, verhalte ich mich sittlich gut. Aus Pflicht soll ich handeln. Es ist das reine Gute, das für sich selbst gut genug ist.

Ich hab da meine Zweifel. Wenn etwas für sich selbst gut ist, und nur für sich und sonst niemanden, dann hat niemand etwas davon. Logisch, oder? Gut ist eine Beurteilung, die ich vornehme, wenn ich meine, dass etwas gut ist. Gott betrachtete nach getaner Arbeit seine Schöpfung und sah, dass es gut war. Für ihn? Für uns? Für die Menschen. Das absolut Gute, abgelöst von allen Bezügen, sozusagen komplett entbeint, mag von klugen Philosophen gedacht werden können. Möge es ihnen gelingen.

Katholisches Hochgebirge

Nach Immanuel Kant steigen wir nun auf in höchste Denkregionen. Bitte anseilen! Es herrscht Absturzgefahr! Es gibt kluge Menschen, die felsenfest behaupten, wir wüssten absolut nichts vom Jenseits. Nein, kann ich da nur ausrufen, wir haben handfeste Beweise für eine Existenz im Jenseits vorliegen.

Katholische Philosophen stoßen seit Jahrhunderten immer wieder auf Gottesbeweise. Einen besonders überzeugenden entdeckte der Philosoph Robert Spaemann. Er weiß, dass Gott eine Sache »selbstloser Aufmerksamkeit« ist.

Darüber grüble ich nun schon einige Zeit sehr selbstlos nach. Was ist an mir noch aufmerksam, wenn ich ohne mein Selbst auf Gott konzentriert bin? Was bin ich ohne mein Selbst? Ein Selbstloser halt. Ein haltloses Selbst?

Aufmerksamkeit unter Abzug des eigenen Selbst? Wie geht das? Dazu muss ich mich vermindern, mich zurücknehmen, mich entselbsten, ich ziehe meine Aufmerksamkeit von mir ab, um sie auf Gott zu richten.

Ich soll mich nicht so wichtig nehmen. Das meint Spaemann vermutlich.

Gott nimmt mich ja dafür wichtig. Er kümmert sich um jeden Einzelnen von uns. Das ist schön. Bedingung dafür ist, dass ich an ihn glaube.

Nur: Was richtet sich von mir ohne mein Selbst konkret auf Gott?

Sagt Gott: Ich bin die Aufmerksamkeit und das Leben? Wer seine Aufmerksamkeit auf mich richtet, wird leben?

Nein! Er sagt: Wer an mich glaubt, der wird leben, auch wenn er gestorben ist. Das sagt er.

Glauben kann ich nur selbst. Oder kann ich mich im Glauben vertreten lassen?

Ich kann selbstlos glauben, aber ohne Selbst geht auch das nicht.

Ich warte auf den Gottesbeweis. Ist damit Gott bewiesen? Herr Spaemann!

Gott ist nur in Beziehung zu mir selbst zu erfahren. Sagen mir katholische Philosophen. Wenn ich selbst dabei nur (nicht mehr als) Träger einer Aufmerksamkeit bin, um Gott empfangen zu können.

Ich bin ein Empfänger! Mehr nicht.

Ich soll ein Antennenmensch werden, der Gott ohne Selbst *beaufmerksamt.*

Mensch sein bedeutet bei Spaemann, mit dem »Wissen um Gott« gesegnet zu sein.

Es ist wie beim Schwammerlsuchen. Man hat keine Ahnung, wo sie wachsen könnten. Man weiß nur, wo die Bedingungen für sie günstig sind. Und wenn man Glück hat, dann findet man auch welche. Bis dahin bleiben nur die Hoffnung, welche zu finden, und der Antrieb zum Suchen.

Nur, wo sind die Bedingungen für Gott günstig? Wo gedeiht er? Theologen antworten, dass Gott überall in seiner Schöpfung anzutreffen ist.

Spaemann sagt: Der Mensch weiß, wer Gott ist. »Aber wir können nicht von Gott wissen, wenn wir die Spur Gottes nicht wahrnehmen wollen, die wir selbst sind, wir als Personen, als endliche, aber freie, wahrheitsfähige Wesen.«

Geistiges Hochgebirge! Ich habe Sie gewarnt.

Noch mal für mich, um mir zu erklären, was er meint: Jeder Mensch ist eine Spur Gottes in der Welt.

Ein schönes Bild.

Wir sind göttliche Fußabdrücke in der Welt, wir kommen Gott auf die Spur, wenn wir uns aufmerksam in den Blick nehmen – ohne Selbst! – und bereit sind, Gott wahrzunehmen. Ich habe das Gefühl, ich bewege mich im Unterholz auf der Suche nach schmackhaften Pilzen.

Und: Ich warte immer noch auf den Gottesbeweis.

Spaemann: »Von etwas sagen, es sei jetzt, ist gleichbedeutend damit, es sei in Zukunft gewesen.«

Donnerwetter! Futur, Perfekt, Konjunktiv! Jetzt wird's grammatikalisch hochwertig.

Die Gegenwart ist also zukunftsfähig, und die Zukunft enthält das Potenzial zur Vergangenheit. Langsam zum Mitdenken: Die Zukunft vergegenwärtigt sich also in der Gegenwart und geht zukünftig über in den Zustand des Gewesenen. Alles Sein tendiert zum Gewesen-Sein.

Da kannst nix sagen.

Das Gewesene bleibt ewig, weil es nicht mehr veränderbar ist.

Das ist nicht richtig. In der Erinnerung bleibt nichts, wie es war. In der Erinnerung wird das Gewesene wachgehalten – wie Lava, die nicht erkalten darf und durch das Erinnern bei Temperatur gehalten wird –, doch bleibt's gewesen.

Das Wesen der Erinnerung besteht aus Gewese.

Spaemann: »Wir müssen ein Bewusstsein denken, in dem alles, was geschieht, aufgehoben ist, ein absolutes Bewusstsein.«

Und so hegelt sich Spaemann in die Ewigkeit.

Es ist natürlich völlig klar, wer das »absolute Bewusstsein« ist – GOTT.

Gott ist die völlig losgelöste »Aufgehobenheit«, wo nichts mehr geschieht, die aufgehobene Unbeweglichkeit, die wir nur denken m ü s s e n, unter Absehung des Selbst in der absoluten Beaufmerksamung!

Hallo, versteht mich noch jemand? Wenn nicht, habe ich mein Ziel erreicht.

Quod erat demonstrandum.

Offenbarung des Johannes

Es geht auf Weihnachten zu, und allüberall glitzern, durch massive Poller gesichert, die Christkindlmärkte. Auffallend viele Polizisten versuchen, möglichst unauffällig durch die Budengassen zu patroullieren. Nach dem islamistischen Anschlag auf den Weihnachtsmarkt an der Gedächtniskirche in Berlin können unsere Sicherheitskräfte nicht ausschließen, dass nicht auch unter den Besuchern am Glühweinstand der Tod auf seinen Einsatz wartet. Mein theologischer Sparringspartner Johannes und ich schlendern durch die Menschenmassen der Münchner Innenstadt. Johannes glaubt, dass eines Tages der Messias kommen wird. »Ja«, stimme ich ihm aus Spaß zu, »er wird kommen, die Frage ist nur, wann.«

Wir gehen an einer kleinen Gruppe von Menschen vorbei, die ein Plakat mit einem Versprechen hochhalten. *Was uns die Bibel wirklich sagt*, steht da. Zeugen Jehovas wissen es!

Ich singe: »Es ist ein Ros entsprungen aus einer Wurzel zart. Wie uns die Alten sungen, aus Jesse kam die Art.« Die Zeugen Jehovas zeigen null Reaktion.

Ich frage Johannes: »Du bist sicher, dass er kommt?«

»Du nicht?«

»Eher nicht!«

Johannes: »Er ist uns verheißen.«

Ich: »Ich weiß. In der Bibel wird er angekündigt. Nur, warum kommt er nicht? Warum ist er nicht längst gekommen? Auf was wartet er denn?«

Johannes: »Es ist ihm zu viel los.«

Ich: »Hä? Soviel ich weiß, ist er der Erlöser. Scheut er vor der Mammutaufgabe zurück? Fühlt er sich überfordert? Es gäb einiges, von dem er uns erlösen könnte.«

Johannes: »Zum Beispiel?«

»Von diesem Christkindlmarkt, von den Zeugen Jehovas, vom Islamischen Staat, von der AfD, von der CDU/CSU, von der SPD und den Grünen.«

Johannes: »Warum denn von den Grünen?«

Ich komme in Fahrt: »Weil sie seine Ideen klauen! Die Grünen drohen mehr oder weniger offen mit dem Weltuntergang. Klimawandel, Artensterben. Die Apokalypse ist ein zentrales Versprechen in ihrem Parteiprogramm.«

Johannes hält mir einen Vortrag: »Aus christlicher Sicht ergibt sich folgende Lage: Die Welt liegt im Argen, weil der Mensch sich dem Bösen nicht immer entziehen kann. Das Böse ist immer aktiv. Daneben gibt es auch das Gute, aber der Mensch ist schwach. Gott lässt ihm die freie Entscheidung, weshalb er sich dummerweise halt auch gegen das Gute und für das Böse entscheiden kann. Für die Gottesferne, verstehst du?«

Ich: »Klar!«

Johannes: »Der Geist ist willig, aber das Fleisch ist schwach. Heißt es.«

Ich: »So ist es halt nun einmal. In Niederbayern sagt man: Wos mechst macha? Und ehrlich gesagt, wenn das Fleisch nicht schwach wäre, dann wäre das Leben langweilig!«

Wir lachen beide.

Johannes: »Der Mensch ist böse. Darum leben wir in einem Jammertal, und die Klagen der geschundenen Kreaturen werden immer lauter und vehementer vorgetragen. Vor allem, weil oft politische Unterdrückung und grausame Folter im Spiel sind.«

Ich: »Du sagst es. Das Böse findet überall auf der Welt seine Repräsentanten.«

Johannes: »Das ist so, weil es eine Faszination des Bösen gibt.«

Ich: »Wenn der Teufel die Bühne betritt, ist die Aufmerksamkeit immer größer, als wenn der Gute zu uns spricht. Der Zerstörer erregt mehr Ehrfurcht als der Schöpfer der Welt. Der Schöpfer erfährt Dankbarkeit und nährt die Hoffnung, dass alles gut ist. Die Bedrohung des Bestehenden durch einen Bösen macht Angst. Der Teufel steckt im Detail, aber er ist überall, weil die Welt praktisch nur aus Details besteht.«

Johannes: »Und deshalb hofft die Menschheit auf den Erlöser.«

Ich: »Vor über 2000 Jahren hat er schon mal auf Erden vorbeigeschaut, der Messias.«

Johannes: »Moment! Für die Juden war er von Anfang an nicht der Messias.«

Ich: »Ich weiß, ich kenne die Geschichte!«

Mein Privatmissionar glaubt tatsächlich, Gott habe seinen Sohn geschickt, um die Sünden der Welt hinwegzunehmen. Ich habe es schon vor einiger Zeit aufgegeben, mit ihm über diesen Punkt zu diskutieren, weil wir nie auf einen grünen Zweig gekommen sind.

Wenn es nach Johannes geht, vollendet Jesus die Geschichte und übernimmt am Jüngsten Tag den Vorsitz am Weltgerichtshof, wo er den Bösen kurzen Prozess macht.

Sie werden verdammt in alle Ewigkeit und direkt in die Hölle überstellt, wo sie ihrer gerechten Strafe zugeführt werden. Die Guten werden in den Himmel eingewiesen, wo sie in alle Ewigkeit Gott schauen.

Am Ende seines Aufenthalts auf Erden fuhr Jesus in den Himmel auf. Seitdem warten wir geduldig auf seine Wiederkehr.

Ich habe die Passage im Neuen Testament bei Lukas nachgelesen. Die Umstände, die zu dieser Himmelfahrt führten, hinterlassen bei mir den Eindruck einer übereilten Abreise. Er hätte doch gleich dableiben können. Es war noch lange nicht alles erledigt beziehungsweise erlöst. Er hätte zum Beispiel die Römer entmachten müssen, um die Christenverfolgungen gleich von vornherein zu verhindern. Was macht er? Nach vierzig Tagen fährt er plötzlich in den Himmel auf, nimmt zur Rechten des Vaters Platz. Wo er bis heute sitzt. Das Einzige, was uns bleibt, ist die vage Hoffnung, dass er eines Tages wiederkommt. Am Ende der Zeiten!

Um wieviel Uhr er kommt und wo er ankommt, hat er leider nicht verkündet. Auch die Experten in Rom schweigen sich dazu aus. In der apokalyptischen Vision des Johannes finden sich dazu ebenfalls keine genauen Zeit- und Ortsangaben. Es wird aber auf jeden Fall ordentlich zur Sache gehen. Es werden sieben Posaunen geblasen, die Angst und Schrecken verkünden. Blitz und Donner kommen über uns, Vulkanausbrüche, Naturkatastrophen, Überschwemmungen, Erdbeben, die Erde reißt auseinander.

Christen hoffen trotz der schrecklichen Visionen, dass »sein Reich komme«. Ich vermute, dass er ein Königreich alten Zuschnitts errichten wird. Eine Demokratie wird es bestimmt nicht werden. Gewaltenteilung, wie wir sie schätzen, gibt es nicht. Judikative, Legislative, Verwaltung – Fehlanzeige. Es wird eine strenge Hierarchie geben. Der Herr steht als König selbstverständlich ganz oben in seinem Reich. Ganz ehrlich, es hört sich ein bisschen nach willkürlicher Machtausübung an, was er dem Johannes offenbart hat. In seinem Regierungsprogramm kündigt er an: »Die Letzten werden die Ersten sein!« Das riecht schwer nach Revolution. Ganz billiger Populismus ist das, wenn Sie mich fragen. Er verspricht den Leuten das Blaue vom Himmel herab. Selig die Armen im Geiste, denn ihrer ist das Himmelreich. Aha. Bildung ist demnach ein Nachteil. Nur, wen meint er damit? Wer sind die Letzten? Wer sind die Ersten der Letzten? Nach welchen Kriterien entscheidet er das? Die Benachteiligten, die Loser, die Unterdrückten, die vom Schicksal Gebeutelten, sie alle bekommen Top-Positionen in diesem seinem neuen Reich? Er dreht alles um. Er schafft einen radikalen Ausgleich. Die Forderungen der deutschen Linken klingen dagegen harmlos. Die werden in seinem Reich übrigens kaum Chancen bekommen, in höhere Positionen aufzusteigen, wenn sie nicht an ihn glauben. Viele Linke träumen heimlich immer noch von der klassenlosen Gesellschaft. Damit hat Jesus nichts im Sinn. In seinem Reich gibt es klare Unterschiede. Es gibt oben und unten. Die Erlösten und die Verdammten, die einen genießen die Glückseligkeit im Himmel, und die anderen schmoren ewig in der Hölle.

Mein Freund Johannes ist von der Aussicht, unter Umständen in der Hölle zu landen, nicht sonderlich begeistert, aber er hält unerschütterlich an seinem Glauben fest, dass der Herr Jesus auch ihn erlösen wird.

Bei einem Glühwein haben wir schließlich meine Zweifel versüßt.

Evangelisches Mittelgebirge

Evangelische Ratsvorsitzende müssen immer zu einer selbst verschuldeten Unmündigkeit bereit sein. Sie gehört zum Kernbestand ihrer Aufgaben. Glaubensbekenntnisse spielen immer in den Bereich der selbst verschuldeten Unmündigkeit hinein.

Der amtierende Ratsvorsitzende der Evangelischen Kirche in Deutschland Heinrich Bedford-Strohm ließ sich, weil grad Ostern war, im *Spiegel* zu den letzten Dingen befragen und geht, wie nicht anders zu erwarten, gleich in die Vollen, wie man so sagt. Auf die sicher provokant gemeinte Frage des Journalisten, wie es nach dem Tod weitergehe, verkündet er:

»Was ich aber fest glaube: Am Ende kommt die Wahrheit über unser Leben auf den Tisch, und zwar mit den hellen und dunklen Seiten.«

Die Wahrheit, auf die wir alle so erpicht sind, kommt also auf den Tisch. Die ganze Wahrheit über den evangelischen Ratsvorsitzenden Heinrich Bedford-Strohm? Aber warum denn erst am Ende? Warum die lange Wartezeit? Es wäre doch vorher genug Zeit für die hellen und die dunklen Seiten, oder etwa nicht? Zumal die Wahrheit sowieso offen vor uns liegt. Beispielsweise ist es wahr, dass die beiden Vertreter ihres Glaubens, der katholische Christ und Kardinal Reinhard Marx und der evangelische Christ und Ratsvorsitzende Heinrich Bedford-Strohm, während ihres Besuchs auf dem Tempelberg in Jerusalem das Kreuz, das sie sonst stolz vor der Brust tragen, im Talar versteckt haben aus Rücksicht auf die Muslime, die es als Provokation hätten deuten können. Kikeriki! Ob die beiden auf dem heiligen Boden Israels den Hahn dreimal krähen gehört haben?

»Es wird dann ein Gefühl ungeheurer Scham geben.« Prophezeit der evangelische Theologe. Welche Worte werden die beiden finden, wenn sie beim Jüngsten Gericht Rechenschaft ablegen müssen, bevor sie »bei Gott geborgen sein werden«, wie Bedford-Strohm versichert?

Ob wir im Paradies Familienangehörige und Freunde träfen, will der Redakteur wissen. Und was antwortet die akademische Unmündigkeit?

Er sagt nicht Ja und nicht Nein, er weicht aus. »Da halte ich es mit dem protestantischen Schweizer Theologen Karl Barth, der mal gefragt worden sein soll: Herr Professor, wir werden droben unsere Lieben wiedersehen? – Ja, aber die anderen auch. Das ist ein wichtiger Hinweis, wir können nicht die Kontrolle über das übernehmen, was nach dem Tod passiert. Es liegt in Gottes Hand.«

Die Antworten des Ratsvorsitzenden leider nicht. Er muss noch selbst denken.

Es kommt also zu einem totalen Kontrollverlust! So bestätigt es der Ratsvorsitzende. Und weiter: »Wir werden verwandelt werden. Wir können uns jetzt nicht genau vorstellen, wie wir aussehen. (Ich schon! Alt werden wir ausschauen, ganz alt.) Es ist wie beim Samenkorn: Das Alte stirbt, und etwas Neues wächst. So hat das Paulus geschrieben. Das finde ich ein schönes Bild.«

Je nachdem, wie man es nimmt. Wir werden also wie Samen sein. Und nun nagelt er den Ausgang aus der selbst verschuldeten Unmündigkeit endgültig zu, indem er frech den Urheber dieses Diktums als Helfer für den Glauben instrumentalisiert, den Immanuel Kant sehr kritisch in Augenschein genommen hat. »Wer durchs Feuer der Kant'-schen Philosophie gegangen ist, weiß: Als Mensch können wir Gott nicht erkennen, wie er ist, sondern ihn nur mit unseren menschlichen Kategorien beschreiben. Darum ist es philosophisch absolut nachvollziehbar zu sagen, wir können Gott nicht herleiten. Was wir aber können, ist, Gottes Wort zu vertrauen. Das ist der angemessene Zugang.«

Mein Gott, warum hast du ihn verlassen? Also noch mal für mich, der ich ein wenig begriffsstutzig bin: Wir können Gott mit den uns gegebenen Mitteln nicht begründen, nicht erkennen, nicht herleiten. Gott ist eine Annahme! Doch wir können Gottes Wort vertrauen! Also, wir nehmen an, dass es Gott gibt. Was berechtigt uns zu dieser Spekulation? Unser Glaube an die Annahme! Und weil wir annehmen dürfen, dass Gott existiert, gehen wir davon aus, dass Gottes Wort in der Bibel steht. Wer hat seine Worte dort reingeschrieben? Gott selbst? Ist Gott der Autor seiner Worte, oder haben die Evangelisten ihm Worte zugeschrieben? Historiker bestätigen, dass die Evangelien zwischen siebzig und hundert Jahre nach Christi Geburt von mehreren Autoren aufgeschrieben und redigiert wurden. Gott hat also ziemlich lange mit dem Diktat gewartet. Und trotzdem können wir seinem Wort vertrauen?

Ich möchte auch zu solch klugen Schlüssen in der Lage sein. Muss ich dazu evangelisch werden, oder reicht es am Ende, evangelischer Ratsvorsitzender zu sein, um ein geistiges Mittelgebirge dieser Höhe zu erklimmen?

Kant a posteriori

Schon wieder, werden Sie jetzt vielleicht seufzen, aber ich kann es Ihnen nicht ersparen. Wir müssen uns noch einmal mit dem Philosophen Immanuel Kant auseinandersetzen. Er stellte die wichtigsten Fragen in der Philosophie, die uns alle bis heute beschäftigen. Was soll ich tun? Was darf ich hoffen? Und die entscheidende Frage: Was kann ich erkennen? Die vierte Frage, die ich hinzufügen will: Muss ich das alles wissen? Ich möchte den Fragenkreis sogar nochmals erweitern und eine fünfte Frage stellen: Warum versteh ich so viel nicht?

Nun zur Frage der Wirklichkeit und der anderen Wirklichkeit. Kant hat sich mit der Wirklichkeit lange befasst und Begriffe und Kategorien gefunden, mit denen wir diese Wirklichkeit erfassen. Es gibt synthetische Urteile und analytische Urteile, auch kategorische Urteile, die wir in grammatikalisch richtigen Sätzen formulieren. Dann gibt es vernünftige Urteile, die wir mithilfe des Verstandes bilden, a priori und auch a posteriori, und die sich manchmal als unvernünftig herausstellen. Der Begriff des Transzendentalen spielt bei Kant eine wesentliche Rolle. Man merkt schon allein an diesem Vokabular, dass dieser Kant von einer Wirklichkeit spricht, die nicht jedem zugänglich ist. Er selbst erklärt sehr schlüssig, dass wir über die Dinge, wie sie wirklich sind, nichts sagen können. In der Wirklichkeit gibt es Dinge an und für sich. Und Kant lehrt nun, dass wir unsere Wirklichkeit mit unserem Verstand selbst formen. Wir können, falls wir überhaupt dazu bereit sind, nur Erscheinungen erkennen. Die Welt der Dinge an sich ist übersinnlich. Damit meint er, dass wir mit unseren Sinnen, Augen, Ohren, Nase, Tast- und Geschmackssinn, die Dinge in der Welt nur so sehen und erkennen können, wie wir sie sehen, riechen, hören, tasten, schmecken können. Unsere Sinnesausstattung macht uns die Welt, wie wir sie erfassen können. Wie die Welt wirklich ist, weiß kein Mensch. Ob es die Farben da draußen in der Natur tatsächlich gibt, ist fraglich. Es gibt Wissenschaftler, die behaupten, die Farbe Rot gebe es objektiv nicht. Es gebe nur Lichtreize, die über unsere Netzhaut eine rote Wahrnehmung in unser Gehirn weiterleiteten, wo die Neuronen den Eindruck roter Farbe entstehen ließen. Wir sehen Rosen und behaupten, dass es sich um rote Rosen handelt.

Es gibt sogar Menschen, zu denen ich gehöre, die, auch ohne rote Rosen vor sich zu haben, plötzlich rotsehen. Auslöser für diese Wahrnehmung sind oft Lücken im Gleichmut, die sich als Gelassenheitsdefizite erklären lassen. Zu solchen Wutanfällen kann es leider immer wieder kommen in Situationen der Erkenntnis der eigenen Unfähigkeit. Außenstehende fragen sich dann, in welcher Wirklichkeit ich mich befinde. In einer anderen. Ich bin fest davon überzeugt, dass Menschen in verschiedenen, sich überlagernden Wirklichkeiten zu Hause sein können. Das Jenseits ist real. Es gibt jenseitige Realitäten, die jederzeit begehbar sind. Menschen, die in jahrzehntelangen Partnerschaften zusammenleben, werden mir uneingeschränkt zustimmen.

Während eines Telefongesprächs kam ich mit meinem Freund Johannes, dem Laienmissionar, den Sie schon kennen, auf die Hölle zu sprechen, in die Gott besonders schwere Sünder wie mich einweisen werde.

»Nein«, sagte ich, »die Hölle gibt es nicht!«

Und Johannes bemerkte trocken: »Dann red doch mal mit meiner Ex.«

Du entgehst mir nicht

Die Liebe ist ein seltsames Spiel / Sie kommt und geht von einem zu anderen / Sie nimmt uns alles, doch sie gibt auch viel zu viel / Die Liebe ist ein seltsames Spiel. Connie Francis sang diesen Schlager. Die Liebe ist halt eine Herzensangelegenheit und hat mit dem Verstand nicht viel zu tun. Unsterblich verliebt? Ja, das kommt gelegentlich vor, dass zwei zusammen das Paradies auf Erden erleben und in der Zweisamkeit alles um sich herum vergessen. Sie können nicht mehr voneinander lassen. Es waren zwei Königskinder, die hatten einander so lieb … Und zu allem Überfluss ist die Liebe auch noch eine Himmelsmacht, und gegen die hat man / frau sowieso keine Chance. Sie gehören für immer zusammen, da kann kommen, was will. Und es kommt ja dann auch meistens etwas, was die beiden zunächst nicht sehen konnten, weil die Liebe halt so ein seltsames Spiel veranstaltet. Im Leben wie im Tod ist Liebe im Spiel.

Ich habe nicht nur bei vielen Beerdigungen ministriert. Auch bei kirchlichen Trauungen diente ich dem zelebrierenden Priester am Altar und konnte die Frischvermählten beim Ringtausch beobachten. Der Priester legt den beiden seine Stola über die gereichten Hände und spricht die Formel: »… in guten wie in schlechten Tagen, denn was Gott verbunden hat, das darf der Mensch nicht trennen.« Nach katholischem Glauben gilt das Sakrament der Ehe bis in alle Ewigkeit. Ich habe Paare gesehen, die vor Seligkeit strahlten. Sie konnten ihr Glück kaum fassen. Der Bund fürs Leben gilt auch fürs ewige Leben.

Ganz ungefährlich sind diese Lebensbünde nicht. Es kann zu Eifersuchtsdramen kommen, zu Gattenmorden, die Medien berichten schonungslos über solche Liebesgeschichten. Die Liebe ist halt ein Mysterium. Mehr oder weniger. Biologen sprechen von vertrauensbildenden Hormonen. Oxytocin spielt dabei eine wichtige Rolle. Es wird im Gehirn ausgeschüttet und führt im Extremfall zur Blindheit. Man spricht deshalb auch davon, dass die Liebe blind macht. Damit wird ausgesprochen, dass der verliebte Mensch mit einer sehr eingeschränkten Wahrnehmung rechnen muss, was er nicht tut, weil er ja verliebt ist bis über beide Ohren. Dann ist ihm meistens wursch, was sein Gehirn aus den Restbeständen des Verstandes funkt. Es kommt zur Idealisierung des anderen. Aus dem Vernunftzentrum werden nur noch schwache Signale empfangen. Der andere ist unvergleichlich, außergewöhnlich und mindestens einzigartig! Beide haben keine dunklen Seiten, die Sonne geht nur noch auf. *All you need is love!*

Sind die Schaltkreise der Lust aktiv, muss man mit allem rechnen. Auch mit dem Gegenteil, was keiner in Erwägung zieht. Die Liebe besteht aus Lust, Attraktivität, Verbundenheit und Gefühlen, die das Gebilde zu einer hochexplosiven Angelegenheit machen. Wird die Liebe zu groß, was normal ist, denn Liebe ist das einzige Geschenk, das durch Geben immer größer wird, kann es auch schon mal zu Mordgelüsten kommen, wenn der andere sich nicht so verhält, wie man das von ihm erwartet. Schließlich liebt man ihn abgöttisch! Die abgöttische Liebe rechtfertigt im

Ernstfall selbstverständlich jede Tat. Bei Außenstehenden ruft das Kopfschütteln hervor. Aber die große Liebe gibt es immer wieder. Und damit ist nicht zuallererst die Liebe zum Vaterland gemeint, die es auch gegeben hat und die auch sehr groß war, sodass viele junge Menschen bereit waren, »auf dem Feld der Ehre« ihr Leben dafür zu opfern. Was haben die sich eigentlich dabei gedacht? Was ging in ihren Köpfen vor? Was war das für eine Leidenschaft? Für Gott und Vaterland zu sterben! Mir total unverständlich! Ihre Namen hat man auf Kriegerdenkmäler gemeißelt. Oben drüber steht: *Unvergessen! Unsere Helden!* Ihren »blutjungen« Seelen möge das ewige Licht leuchten! Sie haben junge Frauen zurückgelassen. Diese Lieben blieben unvollendet.

Vor Liebe sterben! In der Literatur ist das ein beliebtes Ende für unglücklich Liebende: Luise Miller in Schillers »Kabale und Liebe« nimmt Gift, Emilia Galotti in Lessings gleichnamigem Bühnenstück wird vom eigenen Vater erstochen. Unglücklich Verliebte nehmen sich gemeinsam das Leben. Romeo und Julia. Im Leben leider auch. Und der alte Goethe verliebte sich in die junge Ulrike von Levetzow, die beiden nahmen aber von einem gemeinsamen Liebestod Abstand.

Das Liebes-Jenseits ist klar umrissen, es gibt ein Außen und ein Innen. Von außen betrachtet, sieht es immer umwerfend aus und riecht sehr angenehm. Die Haare, die Augen, die Nase, die Ohren, der Körper, alles ist sehr anziehend. Die Außenansicht endet an der Fassade. Verliebte und Liebende wollen den anderen erkunden, wollen alles wissen. Wie denkt er, was glaubt sie, was fühlt er, was meint sie, ist die wirklich so süß, wie sie tut, ist er wirklich so charmant? Was wird hier gespielt? Wer hat die Dialoge geschrieben? Das romantische Vokabular fällt Liebenden immer rechtzeitig ein.

»Eine neue Liebe ist wie ein neues Leben«, und »ein Bett im Kornfeld« ist auch immer frei.

Liebende sind heiß auf Reportagen aus dem Jenseits. Diese können nur vom anderen geliefert werden. Alles, was er/sie aus seinem/ihrem Inneren berichtet, ist wahr. Doch der andere bekommt immer nur Sätze, die beschreiben, was innen los ist. Er/sie ist bereit, alles zu glauben, weil es Sätze sind, die etwas bedeuten und die gern gehört werden, weil sie eine gemeinsame Welt beschreiben. Überprüfbar sind diese Sätze kaum. Die Liebenden überbieten sich in gegenseitigen Versicherungen für die Zukunft. Ewige Liebe! Gemeinsame Zukunft!

Empirisch ist hier nichts zu holen. Aber die Liebe ist eine Himmelsmacht. Sie wird aus der Ferne gesteuert. Die Leitungsintensität unterliegt Schwankungen und kann schwächer werden. Störungen bis hin zu Totalausfällen sind keine Seltenheit.

»Meiner Liebe wirst du nicht entgehen!«, verspricht Oskar in Horvaths »Geschichten aus dem Wiener Wald« seiner Angebeteten Marianne, die sich am Ende ihrem Schicksal ergibt. Und man ahnt, dass diese Ehe wenig mit dem Himmel auf Erden zu tun hat. Was Oskar und seine Marianne gemeinsam ins Leben rufen, wird die Ehehölle auf Erden sein.

Zwischen Liebenden existiert das Jenseits im Kopf des jeweils anderen.

Mann/Frau, beide sind auf Vermutungen angewiesen. Sie fragen sich gegenseitig. »An was denkst du gerade?« – »An nichts!« Was soll das sein? Wie denkt er oder sie an nichts? Niemand denkt niemals an nichts. Jeder denkt immer an irgendetwas. Wenn einer nichts denkt, ist er tot! Oder erleuchtet! Im buddhistischen Sinn. Da ich noch nie erleuchtet war, kann ich nicht sagen, was sich in meinem Gehirn abspielt, wenn ich nichts denke. Ich kann nur sagen, was ich denke. Und das ist immer eine ganze Menge. Vorausgesetzt, ich finde die richtigen Worte. Und weil ich sie nicht immer gleich parat habe, sage ich lieber nichts. Doch auch wer schweigt, spricht. Vielleicht sind Liebende dem Nirwana näher, als sie wahrhaben wollen.

Neuronale Welten

Ich trage mein Jenseits im Kopf mit mir herum. Mein Gehirn liefert exakte Informationen über mein persönliches Jenseits, weil ich es selbst konstruiert habe. Auf mich kann ich mich verlassen. Deshalb weiß ich genau, wo mein Jenseits liegt, nämlich mitten auf der Pons. Die Pons? Heißt übersetzt einfach nur Brücke, klingt aber besser auf Lateinisch. Sie befindet sich mitten in meinem Gehirn. In Ihrem hoffentlich auch. Über diese Brücke müssen Sie gehen, um links und rechts davon Ihre beiden Gehirnhälften wahrnehmen zu können. Wenn Sie auf der Pons stehen, sind Sie mitten in Ihrem Gehirn angekommen. Schauen Sie sich um. Der Hirnstamm, das Reptilienhirn. Die älteste Abteilung liegt im Hinterkopf. Dort befinden sich die lebenswichtigen Steuerungsmechanismen für Atmung, Herz, Verdauung, der Zugangscode dazu ist verloren gegangen. Es ist unmöglich, da reinzukommen, um etwas zu verändern. Dort lagern die Instinkte. Unser animalisches Erbe. Da kommt keiner mehr ran.

Von oben, von der Brücke aus, können Sie die gesamte Landschaft Ihres Denkorgans in den Blick nehmen. Und was sehen Sie? Eine linke und eine rechte Gehirnhälfte. Jeder hat eine linke und eine rechte Gehirnhälfte. Normalerweise.

Wobei die linke Gehirnhälfte seltsamerweise für die rechte Körperhälfte zuständig ist. Auch haben Gehirnforscher herausgefunden, dass unser Rechenzentrum im linken Areal angesiedelt ist. Mithilfe dieser neuronalen Zellen lösen wir schwierige mathematische Aufgaben und finden logische Antworten, die uns im Alltag weiterhelfen: Ein Flieger startet Richtung Moskau um 7:30 Uhr von Frankfurt aus, die Flugzeit beträgt 3 Stunden und 15 Minuten. 1 Stunde später startet ein Flieger in Moskau Richtung Frankfurt. Sie fliegen beide mit einer konstanten Geschwindigkeit von 800 km/h, wann treffen sie aufeinander? Antwort: Nur, wenn der Fluglotse einen Fehler gemacht hat.

In der rechten Hemisphäre verfügen wir über Areale, die für die linke Seite unseres Körpers zuständig sind. Das Sprachzentrum! Sprache, die Fähigkeit, ganze Sätze zu bilden, richtige Beschreibungen zu finden, Ausdrücke, Abstraktionen, Bilder, Metaphern, assoziative Fähigkeiten, das Herstellen von Zusammenhängen, die nichts miteinander zu tun haben. Hier ist die Station eingerichtet, wo ohne Probleme Äpfel mit Birnen verglichen werden können.

Und jetzt kommt die Brücke ins Spiel, sie verbindet beide Hälften, die logische und die assoziative, denn nur, wenn beide Gehirnhälften zusammenarbeiten, kann die Denkleistung voll erbracht werden. Wer also auf der Brücke, man kann sagen, mitten auf der Kreuzung steht, nutzt alle seine Möglichkeiten. Ich bin überzeugt, Humor entsteht auf der Brücke. Wenn die linke Gehirnhälfte eine Situation logisch analysiert und die rechte Hälfte assoziativ komische Impulse sendet und daraus dann ein befreiendes Lachen entsteht, gilt der Satz: Humor ist, wenn man trotzdem lacht. Direkt hier befindet sich mein Jenseits. Da gefällt es mir. Volle Übersicht und a Riesengaudi.

Vielleicht waren Sie schon mal bei einem Neurologen, der bei Ihnen ein EEG durchgeführt hat, um Ihre Gehirnströme aufzuzeichnen. Dazu setzt man ein Elektrodennetz auf, das über Kabel an einen Apparat angeschlossen ist. Die reine Physik! Elektrische Ströme im Gehirn sind messbar. Die Qualität der Gedanken leider noch nicht. Sie sind eine Welt für sich. Und um dieses Terrain zu betreten, haben Sie wiederum nur das eine Gehirn zur Verfügung. Alles, was Sie in Ihrem Gehirn finden, findet Ihr Gehirn. Sie haben ja nur das eine. Selbst Einstein hatte nur ein Gehirn, das ihm allerdings Ideen geliefert hat, die viele mit ihrem Gehirn nicht verstehen können. Gehirn ist eben nicht gleich Gehirn. Es gibt Unterschiede. Mit dem Gehirn können Sie denken. Falsch, Sie können nicht, Sie müssen. Das Gehirn denkt auch, wenn Sie dagegen sind. Es produziert ständig Gedanken, auch solche, die Sie am liebsten gar nicht hätten.

Was Sie wollen, kümmert das Gehirn wenig. Stimmt doch, manchmal quälen Sie Gedanken, die Ihnen Angst machen! Ihre Fantasie produziert Szenarien, die Sie als realen Horror wahrnehmen, der Sie aus dem Schlaf hochschrecken lässt. Mich verfolgt in Angstträumen immer der Teufel. Er ist hinter mir her, und kurz bevor er mich packt, wache ich auf. Kaum bin ich wach, ist er nicht mehr da. In der Wachheit kann er nicht existieren.

Bin ich im Schlaf ein anderer? Wer bin ich überhaupt? Eine Person oder, wie die Philosophen behaupten, ein Subjekt mit einer Persönlichkeit, die identisch ist mit dem, was ich von mir denke. Also, so denke ich es mir. Bastle mir eine Identität, die mir erlaubt, selbstbewusst Ich sagen zu können.

Möglich, dass es kluge Leute gibt, die sagen, Jonas, alles gut und schön, aber da denkst du falsch. Auch denkbar. Nur, was ist falsch, und was ist richtig?

Ein wahrer Selbstfindungsprozess. Alles, was wir über die Welt erfahren und glauben, von ihr zu wissen, produziert unser Gehirn. Alle Sinneseindrücke, die wir über die Augen, die Ohren, die Nase, die Haut einsammeln, werden zentral in unserem Gehirn zu einer Realität verarbeitet. In der Wirklichkeitsproduktion arbeitet jeder autonom. Jeder lebt in seiner eigenen Welt. Wir können uns darüber austauschen und verständigen, aber sicher können wir nie sein, ob der andere uns so verstanden hat, wie wir es gemeint haben. Okay, Verabredungen funktionieren relativ gut. Wenn ich sage, wir treffen uns um zwölf Uhr mittags morgen im Café um die Ecke, »um alles mal durchzugehen«, kann es zu einem erfolgreichen Zusammentreffen kommen, wenn nichts dazwischenkommt, was immer wieder vorkommt. Beispielsweise, wenn mein Gehirn diesen Termin einfach vergisst.

Auf das Gehirn ist nicht immer Verlass. Es funktioniert über lange Zeiträume relativ zuverlässig, und dann auf einmal lässt es nach und liefert Ergebnisse, die kaum noch zu gebrauchen sind. Aber auch bei voller Gehirnpower treten Phänomene auf, die bei den betroffenen Personen zu starken Irritationen führen.

Es gibt Menschen, die Stimmen hören. Religiöse Stimmen, die ihnen Befehle erteilen. Es kann jeden erwischen. Auch der amerikanische Präsident George Walker Bush hatte eine religiöse Eingebung. Eine Stimme erteilte ihm den Auftrag, den Irak zu befreien. Ob es Gott Vater war oder sein Sohn, der zu ihm sprach, konnte nie ermittelt werden. Der Heilige Geist jedenfalls war bei der Entscheidung, den Irakkrieg zu beginnen, nicht eingebunden.

Stimmen von Verstorbenen hat jeder schon einmal gehört.

Ich höre immer noch die Stimme meiner Großmutter, die Stimmen meiner Eltern sowieso.

Ich bin fest davon überzeugt, dass die Stimmen der Ahnen bei unseren Vorfahren religiöses Empfinden auslösten und sich daraus Religionen entwickelt haben. Stimmen von verstorbenen Menschen, die nach ihrem Tod gehört werden konnten, obwohl sie nicht mehr da waren, warfen die Frage nach dem Ort auf, von wo sie kamen. In archaischen Zeiten entstanden auf diese Weise erste Vorstellungen von jenseitigen Welten. Von Himmeln, Höllen, Unterwelten, Überwelten, Gärten, ewigen Jagdgründen und selig machenden Ewigkeiten, die sehr viel Ähnlichkeit hatten mit den idealen Zuständen, die man in der Welt vermisste und auf die sich nun die Hoffnung richtete, sie in naher oder ferner Zukunft zusammen mit den bereits Verstorbenen ebenfalls genießen zu dürfen.

Denken ist immer nach vorne in die Zukunft gerichtet. Denken ist lebendig! Nur Lebende denken. Der Tod kommt darin nicht vor, weil er die Selbstbeendigung des Denkens voraussetzt. Niemand ist in der Lage, sich als Toten zu denken. Wie soll ein Toter denken? Ein erloschenes Bewusstsein ist dunkel und kann sich nicht mehr selbst reflektieren. Diese Vorstellung macht Angst. Als Lösungsvorschlag liefert das Gehirn die Hoffnung, den Tod zu überwinden, ihn als Durchgangsstadium aufzufassen für das Leben nach dem Tod.

Es muss irgendwann zu einer Gleichschaltung aller menschlichen Gehirne gekommen sein, denn alle Religionen versprechen ein Leben nach dem Tod.

Das Gehirn startet für den Fall der Beendigung aller Gehirntätigkeiten, der Selbstabschaltung, kurz vor der Nulllinie eine »Nahtodsoftware« – ein Programm mit beruhigenden Bildern und Szenen. Menschen, die sogenannte Nahtoderfahrungen erlebt haben, behaupten, schon drüben gewesen zu sein. Diese Illusion ist Teil der Programmierung. Die letzte Software läuft nur, solange die Festplatte noch mit Energie versorgt wird. Sie waren eben noch nicht drüben, sie waren auf dem Weg, aber haben auf halber Strecke wieder umgedreht. Nur deshalb können sie ihre Erfahrung schildern. Alle berichten von einem warmen Licht, in das sie hineingingen. Erst wenn sie tatsächlich im Licht angekommen sind, wird abgeblendet. Verbunden sind diese Nahtodschilderungen mit *Out-of-body*-Erlebnissen. Dabei löst sich der Geist vom Körper, um einen *point of view* darüber einzunehmen. Die Personen gewinnen von einer höheren Warte aus einen Blick auf sich und ihre sterblichen Überreste. Der Zustand, in dem sie sich befinden, scheint teils angstfrei, teils verstörend erlebt zu werden. Sie treffen auf Engelsgestalten, auf liebevolle Freunde, die Eltern strecken die Hände nach ihnen aus und laden sie ein, ihnen ins Jenseits zu folgen. Alle diese Szenen entstehen irgendwo in aktiven neuronalen Arealen des lebenden Gehirns.

Derartige »Jenseitserfahrungen« sind tatsächlich *Last-minute*-Diesseitserfahrungen. Häufig wird diese in der »außerkörperlichen körperlichen Erfahrung« vollzogene Trennung als »Beweis« für die Existenz einer Seele angeführt, was zwangsweise den Gedanken an ein »Weiter« in einer Welt jenseits unseres körperfixierten Lebens aufkommen lässt.

Voraussetzung für diese Gehirnkompetenzen ist eine religiöse Empfindsamkeit, die bei den Menschen, ich wage zu behaupten, bei allen Menschen, angelegt ist.

Jetzt gibt es ganz berühmte Gehirne, wie das des berühmten Philosophen Jürgen Habermas, der von sich sagt, er sei »religiös nicht musikalisch«. Habermas lässt Religion als gesellschaftliches Phänomen gelten, beschreibt sie als soziologisches System, das für viele Menschen eine »lebenskonstitutive Basis« bietet. Er selbst als Philosoph, der sich der Ratio verschrieben hat, kann persönlich mit Religion wenig anfangen.

Ich weiß nicht, ob das tatsächlich zutrifft, dass er religiös so unmusikalisch ist. Vielleicht fehlt ihm einfach nur die richtige Melodie? Denn meine Erfahrung ist eine andere. Auf eine seltsam ungeklärte Weise sind alle Menschen irgendwie religiös empfänglich. Ich glaube, das Talent, religiös zu empfinden, ist allen Menschen eingegeben, es gehört zu unserer Natur. Auch Habermas kann nicht alles erklären. Jenseits der Phänomene lauert immer eine Erkenntnis. Jenseits der Erkenntnisse aber wartet der Glaube.

Je mehr ich nicht verstehe, desto mehr kann ich glauben. Und angesichts dieser Aussichten sagen sich viele: Da glaube ich lieber gleich mehr, als ich weiß.

Mich würde interessieren, was Jürgen Habermas über seine letzten Momente erzählt. Vielleicht wird es bei ihm so sein wie bei unmusikalischen Menschen, die einer Mozartoper lauschen. Die Harmonien kommen über sie, und sie verstehen nichts, weil sie gänzlich unmusikalisch sind. Sie sind dabei, haben aber nichts davon. Ihr Gehirn funkt permanent Unverständnis! Das ist bedauerlich. Bei einem musikalischen Menschen hingegen stellen sich in solchen Momenten Glücksgefühle ein, die paradiesische Zustände erzeugen können. Im Angesicht des Todes erscheint mir daher eine gewisse religiöse Musikalität zweifellos wünschenswert. Mein Gehirn jedenfalls wäre auf Bach und Mozart vorbereitet.

Spiel mir das Lied vom Tod

Wenn ich gelegentlich auf Beerdigungen Freunde und Bekannte auf ihrem letzten Weg begleite, hoffe ich im Vorfeld auf eine Trauerordnung, einen irgendwie feierlichen Ablauf. Wenn eine Zeremonie fehlt, überkommt mich ein Gefühl der Leere. Ich werde in meiner Trauer allein gelassen. Es muss nicht immer ein katholischer Priester oder ein evangelischer Pastor die Einsegnung vornehmen, es kann auch ein Laie den Abschied eines Menschen und die damit verbundene Trauer in geordnete Bahnen lenken. Doch wenn niemand da ist, der die passenden Worte findet, wenn nichts passiert, wenn der stumme Weg ans Grab alles ist, wenn wir allein gelassen werden mit unserer Trauer, ist mir das zu wenig. Für mein Gefühl muss es würdig und feierlich zugehen.

Als wir Heli Wörsching, den langjährigen Bassisten der Münchner Lach- und Schießgesellschaft, zum Grab begleitet haben, war kein Priester da, der einen letzten Segen über dem Grab gesprochen hätte. Rainer Basedow hielt in der Aussegnungshalle eine Rede, die Helis Leben am Bass vor und hinter den Kulissen würdigte. Danach gingen wir hinter dem Sarg her vorbei an vielen Gräbern. Am offenen Grab spielten zwei Musikerkollegen an Gitarre und Saxofon den Jazzklassiker »Stormy Weather«. Es war ein sommerlicher Tag ohne drückende Hitze. Die Klänge der Instrumente wurden von einer leichten Brise himmelwärts getragen. Mann, war das eine Stimmung. Und es war gut.

Als der Schauspieler Helmut Fischer, der »Monaco Franze«, nach drüben aufbrach, wurde, während die Bestatter den Sarg in die Aussegnungshalle fuhren, ein italienischer *Amore*-Hit gespielt. Er selbst hatte die Trauerzeremonie bis ins Detail geplant. Einigen Trauernden entfuhr bei den ersten Klängen ein stiller Lacher. »Das passt«, flüsterte mein Banknachbar. »Sag zum Abschied leise Servus«. Wäre auch passend gewesen. Oder »I did it my way«! Dieser von Frank Sinatra gesungene Hit ist nicht totzukriegen. Ganz oben auf der aktuellen Liste der Trauerhits rangiert Andreas Gabalier mit seinem »Amoi seg' ma uns wieder«. Auch sehr schön und so rührend! Mit Musik geht alles leichter. Sing ein Lied, wenn du mal traurig bist!

Kurios fand ich auf einer Trauerfeierlichkeit das Absingen der »Internationalen«. Der Schriftsteller Franz Geiger, der vor mir in der Kirchenbank saß, fand das empörend und verweigerte sich mit einem lauten: »Geh, das ist doch ein Schmarrn! Hörts auf!« Der verstorbene Verleger Hans Pavel war angeblich Kommunist und hatte sich zum Abschied die Arbeiterhymne gewünscht. Wir sangen also »Völker, hört die Signale, auf zum letzten Gefecht«. Er erzielte damit einen gewissen komischen Effekt.

Über unseren Gehörgang erreichen wir das Jenseits auf verschiedenen Tonleitern. Notfalls auch über As-Dur, wenn Bläser mit im Spiel sind. Es muss nicht immer alles kreuzfrei sein. Ich will hier nicht zu tief in die Harmonielehre abschweifen, aber aus eigener Erfahrung weiß ich, dass b-Tonarten einen Musikanten gewaltig fordern können.

Für ein Genie wie Wolfgang Amadeus Mozart, auf dessen Opera buffa »Don Giovanni« ich gleich zu sprechen kommen werde, weil ich sie für die genialste Jenseitskomposition halte, die ein Komponist je hervorgebracht hat, spielte bei der Wahl der Tonart die Anzahl der sie enthaltenden Kreuze oder bs keine Rolle. Allein die Gefühlslage, die er mit seiner musikalischen Sprache ausdrücken wollte, war dafür ausschlaggebend. Ich persönlich empfinde E-Dur (vier Kreuze) als strahlend und sonnig. Ich kenne keine Trauermusik, die in E-Dur geschrieben ist.

Mozarts »Requiem« steht in d-Moll. Er hätte auch eine andere Molltonart wählen können, e-Moll oder f-Moll, warum d-Moll? D-Moll wird ihn von der Klangfärbung überzeugt haben. E-Moll kommt mir weniger dunkel vor, klingt für mich weiter, lässt mich an eine sanfte Dünung bei bedecktem Himmel denken; e-Moll drückt für mein Empfinden Gelassenheit aus, während d-Moll düstere Todesahnung in mir wachruft.

Prinzipiell gesehen, kraxeln wir immer über Töne hinüber in das musikalische Jenseits und erreichen damit »dämonisches Gebiet«, wie Thomas Mann das Reich der Klänge geheimnisumwittert nannte. Ja, es kann einem schon ganz anders werden beim Hören von Musik. Kommt natürlich wie immer darauf an, was man grad hört. Es gibt viele Stücke, die ich nicht mehr hören kann. Anderes kann ich permanent hören. Ich übertreibe ein wenig. Das schönste Musikstück wird durch wiederholtes Hören jedoch nicht noch hörenswerter. Man hört sich ab. Irgendwann hat man es über.

Ich höre zum Beispiel sehr gern aus der »Matthäus-Passion« von Johann Sebastian Bach »Wenn ich einmal soll scheiden«, aber nur zu bestimmten Anlässen. Bei Trauerfeiern halt, da passt es. Zu Ostern, an Karfreitag. Wenn der FC Bayern Deutscher Meister wird, wirkt Bachs Choral befremdlich. Zu diesem Anlass wird selbstverständlich »We Are the Champions« gesungen.

Wo sind wir, wenn wir Musik hören, fragt Peter Sloterdijk, der für solche Fragen bekannt ist und immer irgendwie erhellende Antworten dazu parat hat. Wie kommt er dazu, uns dermaßen zu überfordern? Hannah Arendt, die eine ähnliche Frage aufwarf, hat ihn dazu inspiriert. Wo sind wir, fragte sie, wenn wir denken? Das ist sicher auch interessant. Ich denke, dass wir an dieser Stelle diese Frage weiträumig umfahren können, denn ich will nur wissen, was mit mir und uns passiert, wenn wir traurige oder auch heitere Musik hören. Und ich weiß, ob Sie es glauben oder nicht, immer ganz genau, wo ich bin, wenn ich denke, nämlich überall! Ja, es ist tatsächlich so, dass mich das Denken überall überfällt. In der U-Bahn, im Auto, auf dem Klo, ich kenne keinen Ort, den ich denkfrei halten kann.

Beim Hören von Musik geht es mir ähnlich. Es gibt Wagneropern, bei denen ich permanent denke: Wann hören sie denn endlich auf? In Mozartopern passiert mir das selten. Vor allem den »Don Giovanni« kann ich immer wieder hören. Schon der erste Akkord der Partitur versetzt mich ins Jenseits. Sobald der Dirigent den Stab hebt, um den d-Moll-Akkord der Ouvertüre vom Orchester zu fordern, überlasse ich mich einer Entrückung. Spätestens beim zweiten Akkord A-Dur mit einem cis im Bass bin ich im Hier und Jetzt kaum noch erreichbar. Diese ersten beiden Akkorde führen mich an die Tore der Hölle. In diesem d-Moll ist bereits die drohende Verdammnis Don Giovannis spürbar. Im direkt darauf folgenden A-Dur-Akkord mit dem Toncharakter bestimmenden cis im Bass öffnet der Teufel seine Arme. Im kurz danach anklingenden Komturthema meldet sich die ausgleichende Rache. In den Anfangsakkorden dieser Oper nimmt Mozart Kontakt mit dem Absoluten auf. Ich habe bestimmt mehr als fünfzig Aufführungen miterlebt. Mich wundert es schon lange nicht mehr, dass ich von dieser Komposition so fasziniert bin. Ich habe nur eine einzige Erklärung dafür: Mozarts Harmonien klingen in mir. Ich werde selbst zum Klangkörper. Mozart spielt in gewisser Weise auf mir. Ich kann alle Arien auswendig mitsingen, was für meine Mitmenschen eine Qual ist, wenn ich sie tatsächlich laut intoniere. Natürlich musste ich auch grauenvolle Inszenierungen über mich ergehen lassen. Aber das schmälert meine Begeisterung für diese Oper nicht. Für mich ist »Don Giovanni« die Jenseitsoper schlechthin, weil Mozart damit den Horizont der ganz anderen Welt aufspannt. Wenn ich einst drüben im Jenseits ankomme, möchte ich mit einer Arie aus dem »Don Giovanni« empfangen werden, *Dalla sua pace la mia dipende – Von ihrem Frieden hängt meiner ab.*

Don Giovanni ist ein Verbrecher, ein Mörder, ein Getriebener seiner Lüste, und er lernt nichts aus seinem Verhalten. Als der »steinerne Gast«, der Komtur, den er ermordet hat, seiner Einladung zum Essen folgt und ihn auffordert, Reue zu zeigen, schleudert Don Giovanni ihm dreimal ein Nein entgegen. Er hat keine Einsicht in seine Taten. Don Giovanni ist mit sich seelisch im Reinen. Alle leiden unter seinem Verhalten. Dem Komtur nimmt er das Leben, Donna Anna den Vater, Elvira stürzt er ins Liebesunglück, er drängt sich zwischen die Jungvermählten Masetto und Zerlina, seinen Diener nutzt er aus, er ist ein wirklich übler Bursche, der aufgrund seiner schweren Vergehen mit Sicherheitsverwahrung rechnen muss. Ich halte ihn dennoch für keinen psychisch kranken Menschen. Er ist voll verantwortlich für seine Verbrechen. Die Hölle, in die er am Ende einfährt, ist für ihn keine Strafe; im Gegenteil, er empfindet sie als Steigerung seiner Lust. Der Begriff der Hölle kann seine strafende Vision nur entfalten, wenn der Verdammte sie als Strafe ansieht. Aber einer teuflischen Seele, wie sie aus Don Giovannis Verhalten erkennbar wird, kann man mit der Hölle nicht drohen. Der Teufel fühlt sich am wohlsten daheim. Für mich ist die Oper ein Abbild der Hölle auf Erden. Ich sehe das komplette Geschehen als Inferno im Hier und Jetzt. Die Verdammten leben mitten unter uns.

Warum Jenseitsoper? Das Theater an sich ist ein jenseitiger Bereich, der zwar im Diesseits beheimatet ist, aber von seinem Wesen her mit aller Anstrengung bestrebt ist, das Diesseits vergessen zu lassen. Die Bühne ist von ihrer ursprünglichen Ausrichtung her bereits ein Jenseits. Jedes Theaterstück, aber noch mehr jede Oper eröffnet uns auf der Bühne eine jenseitige Welt.

Jede gelungene Inszenierung nimmt mich mit in die Welt des Stücks. Die Realität bleibt draußen. Auch Entfremdungseffekte können wenig dagegen ausrichten. Die Musik erzeugt einen Zustand der Absence. Äußerlich bin ich anwesend. Innerlich bin ich woanders. Aber wo ist dieses »Anderswo«? Um doch noch auf Sloterdijk zurückzukommen: Es liegt in mir, in den Klängen, die mich von innen zum Schwingen bringen.

Mutter Jenseits

Die frühkindliche Forschung lehrt, dass im ersten Gegenüber von Mutter und Kind das Urvertrauen entsteht. Die Mutter ist das erste Jenseits, das jeder Mensch von Anfang an erkennt, sie ist das erste, hoffentlich liebende Gegenüber, ohne dass das neue Leben weiß, ob die Urerwartungen von ihr erfüllt werden. Das Kind hofft instinktiv, alles für ein gelingendes Leben von ihr, von dort zu bekommen.

Das Jenseits ist die erste Hoffnung, die jeder Mensch ganz am Anfang seines Lebens erfährt. Und es ist die letzte Hoffnung, die ihm am Ende bleibt. Dazwischen liegt das Leben. Das Auf und Ab, die Freude und die Trauer, die Langeweile, die Existenz. Also auch Karriere und Beruf, der Erfolg und das Scheitern sowie die Frage: Was soll das Ganze eigentlich? Gibt es das überhaupt? Und trägt der Mensch die Seele ein Leben lang aus, reift sie in ihm heran wie ein Embryo im Uterus der Mutter, die jeder mit seinem Tod in die Ewigkeit hin gebärt? Ist das irdische Leben selbst eine Seelenschwangerschaft?

Es gibt Antworten, viele, sehr viele. Religiöse und vernünftige. Das ist ein wenig unfair, Religion und Vernunft als Gegensatzpaar einzuführen. Ich weiß, es kann auch vernünftig sein zu glauben. An Gott, an die Naturgesetze, an das Universum, an das Ganze! An Anfang und Ende.

Es gibt Menschen, die sich der Kraft des Glaubens anvertrauen, und solche, die sich lieber auf die entzaubernde Kraft der Aufklärung verlassen. Im letzteren Fall werden religiöse Jenseitsvorstellungen vor den kritischen Augen der Ratio verhandelt. Wobei ich mich des Eindrucks nicht erwehren kann, dass auch die so oft als einzig wahr gepriesene Vernunft ohne Glaubensannahmen nicht auskommt. Im subatomaren Bereich, in der Teilchenphysik, erst recht in der Theoretischen Physik, ist der Glaube an das vermeintlich Erkannte riesig. Die Erkenntnisse der exakten Naturwissenschaften sind in Teilbereichen glaubhaft. Mehr nicht! Es gilt das »Tantum ergo«, das ich als Ministrant bei der Aussetzung des Allerheiligsten lautstark mitgesungen habe. *Tantum ergo sacramentum / veneremur cernui ... praestet fides supplementum / sensuum defectui.* Heißt frei übersetzt: Der Glaube möge uns ersetzen, was das Auge nicht erkennt. Da unsere sinnliche Wahrnehmung defizitär ist, kann der Glaube diesen Mangel ausgleichen.

Wir können ganz genau sagen, wo es sich befindet, das J e n s e i t s. Nämlich immer genau dort, wo wir grade nicht sind. Es liegt, von uns aus gesehen, »dort drüben«. Es ist in einer ersten begrifflichen Annäherung das Gegenstück zum Diesseits. Von der umgangssprachlichen Bedeutung ausgehend, ist das Jenseits identisch mit der gegenüberliegenden Seite. Egal, wo wir uns gerade befinden. Zum Jenseits gehört zwingend ein Diesseits, von dem aus man das Jenseits in den Blick nehmen kann. Sei das nun der Blick von der einen Straßenseite auf die andere oder vom linken Flussufer zum rechten, von Europa nach Amerika, von der Erde zum Himmel oder vom Himmel zur Hölle mit Zwischenhalt im Fegefeuer. Es gibt immer eine Trennlinie zwischen dem einen und dem anderen.

Übern Jordan in die Wupper

In Passau, wo ich das Licht der Welt erblickte und meine Kindheit und Jugend verbrachte, liegt das Jenseits immer am jeweils anderen Ufer eines der drei Flüsse Donau, Inn oder Ilz. Der Friedhof, auf dem die meisten Passauer ihre letzte Ruhestätte finden, liegt in der Innstadt, direkt am Ufer des Inns. Nur die Innstadtler brauchen keinen Fluss zu überqueren, um auf den Friedhof zu kommen. Alle anderen gehen über den Fünferlsteg oder fahren mit dem Auto über die Marienbrücke, um die Gräber ihrer Angehörigen zu besuchen.

Schon in altgriechischen Jenseitsbildern ist von einem Fluss die Rede, der Acheron heißt. Charon, der alte Fährmann, bringt die Toten auf einem Floß hinüber, wo sie in die Unterwelt des Hades eingehen, um dort als Schatten ihrer selbst ein klägliches Leben nach dem Tod zu verbringen.

Im Tartaros, der unter dem Hades liegt, befinden sich brennende Gewässer, in denen die Verdammten gekocht werden. Wasserknappheit herrscht in altgriechischen Jenseitsbildern nicht. Dort fließen Styx, Lethe und Mnemosyne, und sie fließen im Kreis.

Der maßgebliche Fluss für die jüdisch-christliche Welt befindet sich im Heiligen Land, der Jordan. Im Jordan ließ sich Jesus von Johannes dem Täufer taufen, und just in dem Moment stieg eine Taube auf, der Himmel öffnete sich, und Gott verkündete: »Dies ist mein geliebter Sohn.« Damit war eindeutig belegt, dass Jesus der erwartete Christus aus dem Hause David sein musste, der als kommender Messias verheißen war. Jesus überquerte zwar zeit seines Lebens nie den Fluss, in dem er getauft wurde, ging dann aber doch über den Jordan, als er am Kreuz starb. Wir wissen, was mit dieser Redewendung gemeint ist. Der Jordan markiert die Grenze zwischen Leben und Tod.

Wenn hingegen einer in Wuppertal, aus welchen Gründen auch immer, sein Leben beendet, geht er über die Wupper, um ins Jenseits zu gelangen. Diese sprachliche Wendung scheint allerdings auf Nordrhein-Westfalen beschränkt zu sein. Weitere Flüsse mit Transzendenzqualitäten sind mir im deutschen Sprachraum nicht bekannt. Es kommt schon mal vor, dass ein Leben den Bach runtergeht, aber sterben muss deshalb noch keiner.

Für die Hindus ist der Ganges der heilige Fluss, in den sie steigen, um sich zu reinigen, und in dessen Fluten sie sich nach ihrem Tod zur nächsten Inkarnation aufmachen. Am Ufer herrscht zu allen Jahreszeiten ein reges Treiben. Dort werden permanent Leichen verbrannt und auf ihre letzte Reise verabschiedet.

Auf dem Innstadtfriedhof in Passau hingegen herrscht zu allen Jahreszeiten eine friedliche Jenseitsstimmung. Eine Störung der Totenruhe ist eigentlich nur an Allerheiligen zu erwarten, wenn die Angehörigen in Scharen »aufs Grab gehen«. Der alljährliche Gräbergang am 1. November gewinnt immer mehr den Charakter eines großen gesellschaftlichen Hallos, einer öffentlichen Party in Schwarz mit Jahrmarktsständen, wo allerlei Köstlichkeiten angeboten werden, Ausgezogene, Schmalznudeln, Häppchen, Leber-käs- und Käsesemmeln und Glühwein. Logisch, um sich aufzuwärmen. Warum nicht, was ist dagegen einzuwenden, wenn die Trauerroutine mit Lebensfreude aufgeladen wird?

An heißen Sommertagen, wenn die Luft vor Hitze flirrt, wenn sich nichts rührt, wenn kein Windhauch unter die schweren marmornen Flügel der Engelsstatuen strömt, nur hie und da ein Vöglein zwitschert, Bienen summen und fette Hummeln brummen, dann bietet diese ganze aufgeheizte Ewigkeit ihre friedlichste Stille. Ab und zu hört man den Kies unter den Füßen eines Besuchers knirschen. Jemand lässt in eine Gießkanne Wasser einlaufen. Eine Kirchenglocke schlägt in der Ferne. Der Friedhof breitet sich über die Uferhänge nach oben aus. Wer sich von dort umwendet, um nach unten zurückzuschauen, sieht die Stadt vom Jenseits aus. Wer aus dem Jenseits rausschaut, entdeckt immer das Diesseits.

Das Kreuz mit dem Teufel

An der Schwelle zum 16. Jahrhundert spielt das Jenseits im Diesseits die Hauptrolle. Die Menschen glauben an Gott den Allmächtigen. Es gibt keinen, der nicht an ihn glaubt. Und wenn einer glaubt, er müsste seine Zweifel am göttlichen Heilsplan öffentlich anmelden, überlebt er das nicht lange. Die Agenten des Herrn ersinnen Methoden, die jeden die Wahrheit sagen und die ewigen Wahrheiten erkennen lassen. Unter der Folter der heiligen Inquisition gestehen alle alles und empfehlen dann auf dem Scheiterhaufen ihre Seele dem allmächtigen Gott!

Der Jüngste Tag möge anbrechen, rufen die Gläubigen und erheben ihre Blicke gen Himmel, um Ausschau zu halten nach dem Sohn Gottes, der von oben herabkommen soll. *Tauet, Himmel, den Gerechten / Wolken, regnet ihn herab.* Sieh, es wird der Herr sich nahen, und mit ihm der Heiligen Schar. Selbstverständlich erst, »wenn seine Zeit gekommen ist«.

Die Menschen sehnen das Ende aller Zeiten herbei. Das Weltgericht soll endlich tagen, um die Bösen in die Hölle zu schicken und die Guten in den Himmel aufzunehmen.

Die Lage im Diesseits ist um 1500 kaum auszuhalten. Der Teufel streift umher. Er stiftet Unheil, wo er kann. Man kennt ihn im christlichen Abendland schon länger. Er kam mit den ersten Missionaren um 500 nach Christus zur Zeit Chlodwigs ins Frankenland, und seitdem ist seiner kaum Herr zu werden. Es gibt sogar Leute, die ihn persönlich kennengelernt haben. Bischöfe, die er zur Wollust getrieben hat, die sich gegen seine verführerische Macht nicht zur Wehr setzten konnten. Die Ärmsten! Hinter allem Bösen steckt der Teufel! Wer denn sonst? Krankheiten befallen die Menschen. Die Pest ist gefürchtet. Die Syphilis grassiert. Die »Franzosenkrankheit« wird sie genannt, und es besteht kein Zweifel daran, dass sie eine Gottesstrafe ist, weil die Menschen es an der Gottgefälligkeit fehlen lassen. Und der Teufel lacht dazu!

Die Apokalypse soll bitte möglichst rasch beginnen, flehen die Menschen! Sie ist die Hoffnung der Gottgefälligen, die sich sicher sind, ins Himmelreich einzugehen. Aber der Herr lässt sich Zeit mit dem Weltuntergang, was niemand verstehen kann, wo doch Beweise und Indizien für das Weltende in Hülle und Fülle vorliegen, um über die Menschen ein endgültiges Urteil zu fällen. Aber nein, der Weltuntergang wird bis auf Weiteres verschoben. Offensichtlich reicht es dem Herrn noch nicht.

Die Menschen sind verzweifelt. Die Angst vor dem Jüngsten Tag wird in dieser Zeit immer mächtiger. Die Gläubigen harren aus im irdischen Jammertal. Büßer und Flagellanten ziehen durch die Städte, der Ablasshandel floriert. Die Macht des Klerus wird immer größer.

Das waren Zeiten! Wo kriegt man heutzutage noch so eine Weltuntergangsangst her, die eine Frömmigkeit hervorriefe, mit der man auf Seelenfang gehen könnte? Apokalyptische Vorstellungen existieren zwar nach wie vor, und sie sind auch in der Lage, gewaltige Ängste zu entfachen, aber um sein Seelenheil macht sich deshalb heute kaum einer Sorgen. Oder glaubt tatsächlich jemand, dass Gott ihn verdammen wird, weil er zu selten vor dem Ende der fossilen Brennstoffe gewarnt und die drohende Klimakatastrophe nicht laut genug angeprangert hat?

Aber wer weiß, vielleicht fragt Gott tatsächlich jeden Einzelnen von uns, was er/sie gegen den »kapitalistischen Raubbau« und die »mörderische Wachstumspolitik« unternommen hat. Was antworten wir, wenn er uns fragt: Warum habt ihr meine Schöpfung versaut? Die Meere überfischt, die Polkappen zum Abschmelzen gebracht? Dann werden sehr viele sich damit verteidigen, die Grünen gewählt zu haben. Aber ob das ausreicht?

Die Grünen entwickeln sich immer mehr zu einer Religionsgemeinschaft. Ich glaube, sie halten sich für die Heiligen der Letzten Tage. Ihre Prognosen zum nahenden Weltuntergang können in jedem Fall mit den religiösen Vorhersagen mithalten. Aber wieso wollen sie in Gottes Plan eingreifen? Uns ist das Weltende von höchster Stelle in der Apokalypse des Johannes verheißen. Da können die Grünen den Klimawandel noch so vehement bekämpfen, ohne Gottes Eingreifen wird die Erde untergehen, ob zwei Grad kälter oder wärmer – egal. Am Ende haben die Grünen bei ihm sowieso bis zum Jüngsten Tag verschissen, weil sie die Kreuze in den bayerischen Schulen abhängen wollten und häufig mit atheistischen Thesen auffällig wurden. Diesbezüglich ist ein Sinneswandel dringend anzuraten, um eventuell Koalitionsverhandlungen mit Gott aufzunehmen.

Um 1500 hätten die Gläubigen den Klimawandel als Gottes Strafe erkannt. Sie hätten sich am Riemen gerissen und Buße getan, Asche aufs Haupt gestreut und alles für ihr Seelenheil getan, was ihnen die heilige römisch-katholische Kirche anbot zu tun. Damals gab es noch Möglichkeiten.

Der Kaufmann Jakob Fugger beispielsweise stiftete eine Kapelle in der Augsburger Sankt-Anna-Kirche und erwarb damit Anteile am Himmelreich. Gott ist nämlich nicht nur gnädig, sondern auch ein Kaufmann. Viele folgten dem Beispiel Jakob Fuggers und kauften sich auf diesem frommen Weg ihr Plätzchen im Jenseits. Diese gottgefälligen Geschäfte entwickelten sich ganz ausgezeichnet, bis Martin Luther auftauchte und das Business mit dem Jenseits zeitweise zum Erliegen brachte, zum Leidwesen nicht nur der geweihten Anlageberater, die als Priester und Mönche den Laden am Laufen hielten, sondern auch der Gläubigen, die fortan wieder ganz andere Strategien ersinnen mussten, um ihr Seelenheil zu sichern.

Vor allem Protestanten sind deshalb auf Gedeih und Verderb der Gnade Gottes ausgeliefert. Man rät ihnen im Sinne Luthers zu einem gottesfürchtigen Leben. Es gibt für Protestanten keine Garantie für ein himmlisches Leben. Der Herr kann am Jüngsten Tag auch zu einem ganz anderen Urteil kommen. Alles, was bleibt, ist die Hoffnung.

Die katholische Variante der Jenseitshoffnung deutet dagegen mehr in Richtung Zusage auf ein himmlisches Plätzchen in der Nähe des Herrn Jesus, vorausgesetzt, die Rahmenbedingungen auf Erden wurden erfüllt. Katholisch getauft zu sein ist absolute Grundvoraussetzung. Ohne das Sakrament der Taufe kommt keiner rein ins katholische Jenseits. Das allein reicht aber nicht aus, der Gläubige muss auch Mitglied der römisch-katholischen Kirche sein und brav seine Kirchensteuern entrichtet haben. Wer der katholischen Kirche ein Vermögen vererben oder besser schon zu Lebzeiten überschreiben kann, hat beste Aussichten, in den Himmel zu kommen. Bis in die jüngste Vergangenheit nahmen und nehmen katholische Jenseitsberater am Sterbebett Grundstücke, Mietshäuser und Barvermögen mit der vagen Zusicherung entgegen, der armen Seele damit den

Eingang ins Himmelreich zu erleichtern. Auf diese Weise kam schon mancher bettelarm drüben an, weil das letzte Hemd eh keine Tasche hat, wie man weiß.

Das Vermögen der katholischen Kirche wird auf über 200 Milliarden Euro geschätzt. Wie sie diesen Reichtum am Jüngsten Tag vor Gott rechtfertigen wird, könnte interessant werden. Wie viel Gutes hätte man damit tun können?

Oder wie wäre es mit einer Koalition aus Grünen und katholischer Kirche? Das Geld könnte dann in die Energiewende investiert werden, in Windräder auf Kirchtürmen oder E-Autos – das Vati-Car, selbstverständlich mit Kreuz drauf. Wenn das keine Werbung wäre. Apocalypse later!

Wagalaweia

Wir müssen uns bei der Erforschung des Jenseits auf das Unglaubliche konzentrieren, weil es physikalisch, chemisch und geografisch nicht fassbar ist. Auf naturwissenschaftlichem Weg ist es bis jetzt jedenfalls nicht aufspürbar. Die physikalischen Messtechniken wurden zwar immer wieder verbessert und verfeinert, die Elektronenmikroskope immer leistungsstärker, die empirischen Vorgehensweisen immer raffinierter, doch mit keinem einzigen dieser Superdinger ist es bisher möglich, das Jenseits zu orten. Im CERN, in diesem Teilchenbeschleuniger bei Genf, haben sie das Gottesteilchen nachweisen können, das am Ende doch nur das »Higgs-Teilchen« war. Immerhin haben sie in Genf sogar schwarze Löcher simuliert, aber ein Jenseits ist ihnen bisher nicht untergekommen. Na ja, vielleicht haben sie nur zu wenig Teilchen beschleunigt, oder es waren noch nicht die richtigen. Es käme auf einen weiteren Versuch an. Jedenfalls hat bisher nicht einer dieser Superforscher das Jenseits auf naturwissenschaftlichem Weg entdeckt.

Nicht einmal Einstein konnte mithilfe seiner neuronalen Top-Strukturen und seiner ersten Frau Mileva das Jenseits ausfindig machen. Alles, was er gefunden hat, war die Relativitätstheorie, die, das müssen wir zugeben, zumindest damals, zum Zeitpunkt ihrer Veröffentlichung, für die wissenschaftliche Forschergemeinde *jenseits* ihrer Vorstellungswelt lag. Die meisten Menschen aber können sich bis heute nur schwer vorstellen, was Einstein mit der Relativitätstheorie genau meinte.

Vielleicht haben wir hier einen vagen Hinweis: Das Jenseits liegt in einzelnen Fällen jenseits jeglicher Vorstellungswelt. Doch nur, weil einzelne Menschen nicht in der Lage sind, sich vorzustellen, was andere problemlos hinkriegen, müssen wir uns noch lange nicht von den Jenseitsvorstellungen verabschieden!

Wie Sie sicher schon bemerkt haben, gehe ich selbstverständlich von der Existenz des Jenseits aus. Ich vermute sogar, dass es jede Menge davon gibt. Ein breites Angebot liegt vor. Offen gesagt, betrete ich mit jeder wissenschaftlichen Abhandlung bereits jenseitiges Gebiet. Ein Beispiel aus Karl Heinz Bohrers Buch »Abschied – Eine Theorie der Trauer«:

»Die semantische Voraussetzung der Verluststruktur ist die fortgeschrittene Abstrahierung der Sprache von Gegenständlichkeit.« So komisch kann eine Theorie der Trauer daherkommen. Eigentlich ist das nicht so schwer zu verstehen, aber ich frage mich, will ich das überhaupt verstehen?

Lieber halte ich mich an die traditionellen Jenseitsmodelle. Vor allem und als Allererstes fühle ich mich als ehemaliger Katholik logischerweise zum christlichen Jenseits hingezogen. Das ist aber nicht das einzige. Wir haben die Wahl. Das Spektrum reicht von altindischen Vorstellungen über psychische pseudowissenschaftliche Ansätze der Scientology Church bis zu postmodernen Jenseitsimaginationen, die sich am »Ende der Geschichte« entzünden und neoliberale Paradiese auf Erden versprechen, die von sogenannten Postmortalisten in Silicon Valley ersonnen werden. In dieser »Zukunftsschmiede« entwerfen Forscher den »neuen, unsterblichen Menschen«, der ein ewiges Leben auf Erden vor sich hat. Alle Jenseitsideen zeichnen sich durch »ewige Angebote« aus. Immer geht es irgendwo und irgendwie weiter. Der Tod als natürliche Grenze des Lebens wird überschritten.

Eine sehr interessante Jenseitsvariante ist von den alten Germanen überliefert, die aber fast ausschließlich nur noch in Wagneropern berücksichtigt wird. Die »Götterdämmerung« dauert ewig, aber Wagnerianer lassen sie gern über sich ergehen. Ich habe mich bisher nur ein einziges Mal in ein Wagnerwerk gewagt. Ich war in »Rheingold« und am Ende glücklich, die Oper wieder verlassen zu dürfen.

Die Germanen glaubten, nach ihrem Tod nach Walhall zu kommen, wo sie immerzu Met saufen, kämpfen, sterben und wiedergeboren werden, um weiter saufen, kämpfen und sterben zu können. Ja, es ist verwunderlich, aber zum Paradies der nordischen Germanen gehört die Vorstellung, zu sterben mit der Gewissheit, wiederbelebt zu werden. In dieses Paradies können jedoch nicht alle Germanen eingehen. Nur die kämpfende Elite hat Zugang, jene, die als Helden das Schlachtfeld verlassen haben. Frauen haben keinen Zutritt. Men only! Einzig die Walküren dürfen den Helden Met reichen und sie mit einem Kuss wiederbeleben, damit der Kampf erneut beginnen kann. Diese Vorstellung erinnert an Videospiele, in denen die Helden immer mehrere Leben haben; selbst wenn sie »endgültig« ihr Leben verwirkt haben, tanken sie neue Energie und kehren in die Schlacht zurück.

Die Welt der nordischen Götter ist uns leider nur in Fragmenten erhalten; aus dem wenigen jedoch, das noch vorhanden ist, lässt sich auf eine umfassende Götterwelt schließen. Viele Götter sind namentlich erwähnt, aber die dazugehörigen Geschichten sind verloren gegangen. Am berühmtesten ist Wotan, der oberste Gott, der auch Odin genannt wird. Nicht weniger bedeutend sind der hammerschwingende Thor, der listige Loki, der von allen geliebte Baldur und Frigg, Odins Gattin und Königin der Götter, um nur einige zu nennen. Sie leben in Asgard, einer riesigen Burg, in der sich auch Walhall befindet. Im Totenreich herrscht Hel, die von menschlicher Gestalt ist, jedoch als halb tot, halb lebendig beschrieben wird. Helheim liegt tief unter der Erde, ist aber ursprünglich kein Ort der Bestrafung, sondern ein Seniorenheim. Hierher kommen die Toten, wenn sie nicht als Helden im Kampf, sondern an Altersschwäche oder Krankheit im Bett gestorben sind, also auch Frauen und Kinder. Helheim hat interessanterweise neun Etagen, ähnlich wie Dantes Höllenkreise, wobei später für Ehebrecher und Mörder eine strafende Abteilung eingeführt wurde. Ich mutmaße, dass diese Unterwelt Pate stand für die christliche Hölle.

Gesichert und gut dokumentiert ist die dräuende Götterdämmerung, die im germanischen Himmel unausweichlich erfolgt. An Ragnarök, dem Jüngsten Tag der Germanen. Es kommt zum Endkampf zwischen Gut und Böse, wobei keiner siegreich aus dem Kampf hervorgeht, alle sterben. Die Welt geht unter, Sonne und Mond existieren nicht mehr. Aber das ist nicht das Ende, denn die Götter haben Kinder hinterlassen, die nun ein neues Zeitalter beginnen. Auch ein Mann und eine Frau überleben das Chaos und werden Stammeltern des neuen Menschengeschlechts. Nach dem Untergang des Alten beginnt etwas Neues, es geht wieder von vorne los. Tod und Wiedergeburt, bis in alle Ewigkeit. Eine faszinierende Dramaturgie mit allem, was das Herz begehrt.

Dennoch kam es, wie es kommen musste, die Religion der Germanen wurde durch christliche Missionare systematisch als heidnisch verteufelt, sodass sie nach und nach abgelöst wurde durch die christliche Heilslehre. Heute existiert das germanische Götterangebot nur noch als mythologische Sagenwelt einer längst vergangenen Zeit. Die Religion lebt heute praktisch nur noch in den Wagneropern weiter. Wobei das Verhalten fanatischer Wagnerianer in Extremfällen durchaus religiöse Züge annehmen kann. Wagalaweia und Hojotoho!

Göttlicher Imperialismus

Wer hat das Jenseits eigentlich entdeckt? Kolumbus war es nicht. Er glaubte unerschütterlich daran, auf dem Seeweg Indien erreichen zu können, und entdeckte Amerika. Für die Pioniere der Jenseits-Expedition gilt das Gleiche wie für mutige Seefahrer. Sie müssen an sich und ihre Idee glauben. Die Jenseits-Entdecker waren von der Gewissheit beseelt, mithilfe ihrer verstorbenen Ahnen den Seh-Weg zu jenem geheimnisvollen Aufenthaltsort finden zu können, von dem nur der Tod die genauen Koordinaten kannte.

Ursprünglich war das Jenseits unerschlossenes Gebiet. Eine spirituelle Brache. Ich nehme an, dass es von Anfang an da war, aber so richtig reingetraut hat sich niemand. Verständlich. Es fehlte eine kartografische Vermessung, es gab keinen Plan.

Man hatte keine Ahnung. Nach und nach kam die Vorstellung auf, dass sich in diesen Weiten die Geister der Verstorbenen aufhalten könnten. Aber wie sie dort wohnten und wie dort der Alltag organisiert war, darüber konnte nur spekuliert werden. Das Jenseits war noch ein unbeschriebenes Blatt, ein Rahmen ohne Bild, das nach individuellen Wünschen ausgeschmückt werden konnte. Eine

Anekdote illustriert diese Jenseitserwartungen: Ein Missionar preist den Inuit das Paradies als ideale Landschaft mit allen erdenklichen Annehmlichkeiten an. Der Anführer der bekehrungswilligen Inuit meldet sich und fragt, ob es an diesem Ort auch Robben gäbe. Als der Missionar dies verneint, stehen die Inuit auf und verlassen die Versammlung mit den Worten: »Dann ist das nichts für uns.« Der Missionar war schließlich doch noch erfolgreich, nachdem er einige Zugeständnisse gemacht hatte. Im Vaterunser beten die Eskimos nicht »Unser tägliches Brot gib uns heute«. Die entsprechende Zeile lautet »Unseren täglichen Seehund gib uns heute«. Ein Paradies ohne Weißbier, warmen Leberkäse und lauwarmen Kartoffel-Gurkensalat kommt für mich auch nicht infrage.

Das Jenseits war zunächst nur so eine allgemeine Idee, die mutige Transzendenz-Denker in der spirituellen Avantgarde vertraten. Wahrscheinlich gab es geistige Pioniere, die sich vorgewagt hatten bis an die Jenseitsgrenze, die nur mit dem Tod überschritten werden konnte. Vor diesem letzten Schritt zögerten viele. Auch die Mutigsten hatten auf einmal die Hosen gestrichen voll.

Ich muss an dieser Stelle gleich mit einem Missverständnis aufräumen, das immer noch in den Köpfen rumspukt. Viele Sterbliche glauben, dass uns der Tod von Anfang an Kopfzerbrechen bereitete. Das kann ich nicht bestätigen. Ich glaube vielmehr, dass wir mit dem Tod anfangs sehr gut zurechtgekommen sind. Der Tod war selbstverständlich, er löste Traurigkeit aus, war aber ein absolut natürliches Ereignis. Erst nachdem wir angefangen hatten, ein Bewusstsein zu entwickeln, und uns allmählich dämmerte, in welcher Situation wir uns zwischen Himmel und Erde befanden, tauchte eines schönen Tages die Frage auf, was es bedeuten könnte, wenn einer stirbt. Es gab zu allen Zeiten kluge Geister, die Probleme sahen, wo bisher keine waren. Plötzlich hatte der Tod den Status eines schaurigen Phänomens. Man kann sich vorstellen, wie wichtig er sich auf einmal vorkam. Er wird sich gesagt haben: Da schau her, jetzt bin ich also ein Phänomen. Wenn ich früher kam, um einen zu holen, ist nicht lang rumgeredet worden, man hat mich akzeptiert, und jetzt stellt man mich infrage.

Ich könnte mir vorstellen, dass man sich in seinen Kreisen darüber belustigt hat. Vielleicht fühlte er sich aber auch geschmeichelt. Der Tod ist ja auch nur ein Mensch, und wie alle Menschen neigt er zur Eitelkeit. Ich kann ihn verstehen, wer immer als Skelett rumlaufen muss, um Angst und Schrecken zu verbreiten, möchte wenigstens als Sonderling bewundert werden.

Eine plausible Reaktion auf die ständig drohende Auslöschung war der Glaube, dass es nach dem Tod irgendwie weitergehen musste. Die Lebenden stellten sich vor, dass es eine Fortsetzung ihrer irdischen Existenz als Geister und Ahnen zusammen mit ihren Familien in einer anderen Wirklichkeit gibt. Das Jenseits war Religionserwartungsland. Es gab religiöse Spekulanten, die hofften, dass es irgendwann baureif werden würde. Aber wann es so weit sein könnte, war unklar.

Es besteht der Verdacht, dass Jahwe ein großes Interesse an der Jenseitsregion hatte, um dort sein spirituelles Wellnesszentrum zu errichten. Mit allem, was das Herz begehrt. Fegefeuer, Elysium, Cherubim, Seraphim, Engelschören, ewiger Gottesschau!

Die Ahnen haben, so wie es scheint, diese göttlichen Avancen nicht besonders ernst genommen. In diesem relativ ungeordneten und unbestimmten Jenseits lebte jeder verstorbene Geist nach seiner Façon glücklich und zufrieden. Es gab keine festgeschriebene Ordnung, keine Zulassungsbeschränkung; jeder konnte rein. Doch die glücklichen Tage in diesem leicht anarchischen Jenseits waren gezählt.

Jahwe, Gott der Herr, der immer mächtiger auftrat und keine anderen wie auch immer gearteten Götter neben sich duldete, besetzte eines Tages im Handstreich mit all seinen Heerscharen das von Ahnen und Geistern bevölkerte Jenseits und errichtete seine Schreckensherrschaft. Es war ein brutaler Einmarsch mit anschließender Annexion. Die Geister und Ahnen wurden aus ihren Gebieten vertrieben. Es ist die allererste Religionsvertreibung, die für weitere Vertreibungen beispielhaft werden sollte. Die armen Ahnen wussten nicht mehr, wohin, Gott der Herr diffamierte sie als religiöse Rumtreiber und Obdachlose, bot ihnen aber gnädigerweise ein Bleiberecht an, unter der Bedingung, dass sie alle ihn als obersten göttlichen Chef anerkannten. Was sollten sie machen? Gott der Herr sicherte ihnen ein ewiges Wohnrecht zu und versprach ihnen außerdem Gerechtigkeit. Das war ein sehr geschickter Schachzug. Denn viele Geister und Ahnen waren von Gefühlen der Ungerechtigkeit geplagt, die man ihnen im irdischen Leben angetan hatte. Und als ihnen Gott der Herr ein Jüngstes Gericht anbot, bei dem er persönlich für ausgleichende Gerechtigkeit sorgen würde, für die einen den Himmel und für die Verdammten eine Hölle versprach, waren alle Feuer und Flamme und stimmten ein Hosianna an. Nach und nach wurde das Jenseits besiedelt und nach göttlichen Heilsplänen voll ausgebaut.

Auf diese Weise hat sich Gott der Herr die komplette Ahnenregion unter den Nagel gerissen. Wenn man also die Entwicklung des Jenseits vom Religionserwartungsland bis hin zum Vollausbau inklusive Hölle, Fegefeuer, Limbus, Himmel, Paradies plus Empyrium betrachtet, muss man rein sachlich feststellen, dass die Besetzung der Geister- und Ahnenwelt durch Gott den Herrn ein raffiniert eingefädelter Akt von religiösem Imperialismus war.

Sensenmann

Altötting in Oberbayern. Berühmter katholischer Wallfahrtsort. Eine Idylle, was sonst? Am Kapellenplatz ist heut nicht viel los. Leichter Regen fällt. Wir haben November. Ich gehe zur Gnadenkapelle »hinüber«. Diese Ausdrucksweise kommt mir automatisch in den Sinn. Warum eigentlich? Es ist der Platz, der durch seine rundliche Form für die Besucher ganz natürlich den Weg vom Rand ins Zentrum zur Gnadenkapelle weist. Spirituell betrachtet, ist der Weg zur Gottesmutter für Katholiken nie weit. Sie wurde »leiblich« in den Himmel aufgenommen. Sie ist nie gestorben. Sie kam als Lebende ganz oben an. In Altötting habe ich immer das Gefühl, eine unmerkliche Grenze zu überschreiten. Danach, so mein Eindruck, befinde ich mich in einem irgendwie unwirklichen Raum. Der Altöttinger Kapellenplatz gehört nicht direkt zum Jenseits, aber irgendwo hier ganz in der Nähe befindet sich ein Zugang dazu.

Schon bevor ich das kleine Gotteshaus erreiche, weiß ich, dass meine kühle Ratio, auf die ich mir so viel einbilde, den unzähligen Votivtafeln wenig entgegenzusetzen hat. Mit der Vernunft wird hier nichts gewonnen. Jede einzelne Glaubensbezeugung an der Kapelle beweist, dass es ver nünftig ist zu glauben. Maria hat geholfen! Immer wieder hat Maria geholfen. In allen möglichen Angelegenheiten. Es geht oft um Leben und Tod. Tot geglaubte Kinder hat sie ins Leben zurückgeholt. Das Unmögliche ist möglich. Wunder gibt es immer wieder. Ich frage mich, warum sie nicht immer hilft. Von sich aus, ohne dafür Gelübde zu verlangen. Die Gläubigen geben ein Versprechen ab. Wenn die Hilfe eintrifft, dann verpflichten sie sich, ihren Glauben auf eine besondere Weise zu demonstrieren. Sie rutschen hundertmal auf Knien um die Kapelle, beten tausend »Gegrüßet seist du, Maria« oder schleppen ein Kreuz Hunderte Kilometer weit nach Altötting. Danach erbarmt sich die Gottesmutter ihrer.

Ein sehr berühmtes Gelübde, das nach wie vor in Kraft ist und regelmäßig eingelöst wird, führte zu den Passionsfestspielen im ebenfalls oberbayerischen, 200 Kilometer von Altötting entfernten Oberammergau. Seit 1634 werden dort im Festspielhaus alle zehn Jahre die letzten fünf Tage Jesu zum Gedenken an die überstandene Pest aufgeführt. Seitdem ist diese verheerende Krankheit in Oberammergau nicht mehr vorgekommen. Gott hat sein Versprechen gehalten. Dafür müssen die Oberammergauer mit einer anderen Heimsuchung fertig werden. Zu den Passionsfestspielen kommen jedes Mal 450 000 Besucher. Dagegen würde wahrscheinlich ein weiteres Gelübde helfen, das bisher niemand ablegen will. Wie viele Pilger jährlich die Gnadenkapelle in Altötting ansteuern? Sicher gehen die Besucherzahlen auch in die Hunderttausende. Und alle schauen demütig auf die Schwarze Madonna.

Ich heute nicht, mein Interesse gilt dem »Tod von Eding«, einer Standuhr mit Totengerippe, die sich in der Stiftspfarrkirche befindet. Als Kind hat mich dieser schaurige Sensenmann, der sich im Sekundentakt bewegt, ungeheuer beeindruckt. »Alle Sekundn legt der mit seiner Sensn

oan um!«, flüsterte meine Großmutter in ihrem niederbayerischen Dialekt. Und nickte schicksalsergeben.

Ich erinnere mich, dass wir – die Eltern, die Großmutter,
meine Brüder und ich – vor vielen Jahren an einem heißen
Sonntag im Sommer in einem grauen Mercedes Diesel 190
zur Schwarzen Madonna nach Altötting gefahren sind.
Keine Pilgerfahrt im eigentlichen Sinne unternahmen wir.
Ein gewöhnlicher Ausflug war es, um »den Mercedes zu
bewegen«, wie mein Vater, der evangelisch war, verkündete.
»Ein Diesel muss laufen«, bestimmte er, und so lief der Diesel mit seinem nagelnden Motorengeräusch auf der Bundes-
straße 12 von Passau durchs Rottal bis nach Altötting.

Meine tiefgläubige katholische Großmutter verband mit
dieser Fahrt zur »Maria mit dem Kind« sicher auch religiöse Hoffnungen und Wünsche. Sie lebte ihren Glauben
im Alltag in vielen Ritualen und fügte am Ende ihrer Ge-
bete immer noch ein »Vaterunser« und drei »Gegrüßet seist
du, Maria« für die armen Seelen im Fegefeuer an. Man
konnte ihnen mit Gebeten helfen. Die transzendentale
Solidarität war nicht umsonst. Bittgebete waren die Wäh-
rung, in der die armen Seelen freizukaufen waren.

Ein bisschen Mammon half selbstverständlich auch.
»Wenn das Geld im Kasten klingt, die Seele in den Himmel
springt«, lautete ein lukratives Versprechen der katholischen Kirche, das erst zu himmlischen Geschäften und
dann durch Martin Luthers Widerstandsgeist zur Reforma-
tion führte. Der Ablasshandel existiert schon lange nicht
mehr. Ähnliche, natürlich »aufgeklärte« Anlageformen, die
ein Seelenheil im Jenseits erwarten lassen, werden nach wie
vor angeboten. Die Rahmenbedingungen für diese Geschäfte finden sich im Neuen Testament: »Eher geht ein
Kamel durch ein Nadelöhr, bevor ein Reicher eingeht in
das Himmelreich.« Also nur die Armen haben eine reelle
Chance. Doch wie das in Finanzdienstkreisen so üblich ist,

findet sich eine Weiterung dieses Grundsatzes, zwar nicht im Kleingedruckten, doch direkt im Anschluss. Dort heißt es: »Doch was dem Menschen nicht möglich ist, das ist bei Gott möglich.« Beim Chef geht halt immer noch a bissl was. Es kommen also auch Reiche in den Himmel. Der Chef hat wohl Nadelöhre in verschiedenen Größen. Und wenn er einen Reichen in den Himmel einlässt, dann hat er seine Gründe dafür. Ist das nicht tröstlich?

Solche Gedanken hatte ich als Erstkommunikant bei meiner ersten Begegnung mit der »ungeheuren Kraft der Madonna« natürlich noch nicht. Die Gnadenstrahlen konnten völlig ungefiltert tief in mein Herz hineinstrahlen.

Wir betraten die Gnadenkapelle mit der gebotenen Ehrfurcht, beugten die Knie vor dem Gnadenbild, um ein »Vaterunser« und ein »Gegrüßet seist du, Maria« zu beten. Mein Vater blieb am Eingang stehen und beobachtete uns respektvoll, aber auch mit einer ihm eigenen protestantischen Ironie.

Ich war ein frommes Gotteskind damals, ein Erstkommunikant, dem eine Karriere als Pfarrer prophezeit wurde. Ich war felsenfest davon überzeugt, dass alles, was der Pfarrer predigte, wahr war. Von klein auf hatten uns keusche Religionskatechetinnen, Kapläne und Pfarrer, die bestimmt nicht immer so keusch waren, wie sie taten, eingebläut, dass Gott alles sehe, weil er uns ständig im Auge habe, und wir verloren seien, wenn wir nicht fromm und gottesfürchtig lebten. Der Teufel warte nur darauf, unsere Seelen zu verderben, um uns in die Hölle hinabzureißen, wo wir ewig brennen müssten. »Wir alle müssen sterben, doch am Jüngsten Tag werden wir auferweckt von den Toten!« Dieser Satz gehört zu denen, die ich Hunderte Male vernommen habe.

Uns wurde von Kindesbeinen an eingeimpft, dass am Ende aller Tage beim Jüngsten Gericht abgerechnet wird.

Doch wer sich im Leben gottesfürchtig zeigt und brav die Zehn Gebote befolgt, hat nichts zu befürchten.

Wer richtig spekuliert, erhält den Gewinn in Form des ewigen Lebens. Wenn wir sterben, ist das ein Freudentag, predigte unser Pfarrer besonders eindringlich, wenn das Schluchzen und Weinen der Angehörigen am Grab zum Wehklagen anhob. Jawohl, eine Freude ist der Tod, weil die Seele dann endlich den Leib verlassen kann und wir direkt ins Paradies hineinfliegen, wo wir Gott schauen. Eine andere Formulierung war, wo wir »in der Wahrheit sind«.

Als kleiner Ministrant hab ich mich damals gefragt, wie das wohl sein wird, wenn ich einmal in der Wahrheit bin. Ich hatte schon oft gehört, was Jesus verkündet hatte: Ich bin die Wahrheit und das Leben. Ganze Bilderfolgen aus meiner Ministrantenzeit ziehen an meinem geistigen Auge vorbei.

Ich sehe mich während einer Beerdigung am offenen Grab stehen, bei Minusgraden, die den Inn zufrieren lassen. Mit klammen Fingern schwenke ich das Weihrauchfass neben dem Pfarrer, der der Trauergemeinde zuruft: »Es wird kein Tod sein im Paradies!« Am Friedhof schon! »Wenn er nicht bald zu einem Ende kommt, werden wir alle erfrieren«, murmelt einer. Das war die gefühlte bittere und sehr kalte Wahrheit.

Nach über 55 Jahren stehe ich wieder an der gleichen Stelle in der Altöttinger Stiftskirche, und der Tod mäht immer noch sekündlich einen nach dem anderen um. Ich versuche mir eine unübersehbare Zahl von Toten vorzustellen, die er hinweggerafft hat. Ich denke an die vielen Freunde und Bekannten, die ihm schon vor die Sense gelaufen sind.

Der Tod ist die ewige Konstante. Die Welt ist alles, was verfällt. Alles vergeht. Nur der Tod bleibt. Nachdem er allen das Licht ausgeblasen hat, ist er der Letzte, der am

Ende das Licht ausmacht. Wenn kein Leben mehr auf der Welt ist, überblickt er sein Werk. Er ist ganz allein. Er ist einsam. Sehr einsam. Er hat niemanden mehr, den er holen kann. Er stellt die Sense in die Ecke. Er hat sich selbst abgeschafft.

Er wünscht sich, nicht mehr auf der Welt zu sein. Er denkt an Selbstmord. Ihm ist nicht zu helfen. Da wird der Tod traurig. Sehr traurig. Wenn ihm klar wird, dass er ja schon tot ist. Es bleibt ihm nur die ewige Verzweiflung und die Hoffnung auf neues Leben. Wer steht dem Tod bei?

Wir sind alle kleine Sünderlein

Warum hat sich der gütige und allmächtige Gott für uns den Tod ausgedacht? Warum hat er uns nach seinem Ebenbild erschaffen, aber die Unsterblichkeit auf später verschoben? Er hätte uns doch gleich als Unsterbliche erschaffen können, wenn wir am Ende sowieso alle unsterblich sind.

Im ersten Buch Mose, der Genesis (2,15–17), steht klipp und klar geschrieben, warum wir sterben müssen: »Gott, der Herr, nahm also den Menschen und setzte ihn in den Garten von Eden, damit er ihn bebaue und hüte. Dann gebot Gott, der Herr, dem Menschen: Von allen Bäumen des Gartens darfst du essen, doch vom Baum der Erkenntnis von Gut und Böse darfst du nicht essen; denn sobald du davon isst, wirst du sterben.« Das ist eindeutig. Da brauchen wir nicht lange rumreden. Und wie die Geschichte weitergegangen ist, weiß jedes Kind. Eva hat wider besseres Wissen, um es juristisch zu formulieren, vorsätzlich gegen das Gebot Gottes verstoßen. Sie aß die Früchte vom Baum der Erkenntnis und gab auch Adam davon, der ebenfalls in den Apfel biss, weil er keine Vorstellung davon hatte, welche Konsequenzen Gottes Todesdrohung nach sich ziehen würde. Woher sollte er auch wissen, was Sterben bedeutet, wenn bis dahin niemand den Tod erlitten hatte? Jedenfalls war ab diesem Zeitpunkt die Sünde in der Welt und damit der Tod. Und Gott sah es, weil er alles sieht, und sprach: Ich hab es euch vorher gesagt, dass ihr sterben müsst, wenn ihr von dem Baum esst, ihr habt euch nicht daran gehalten, die Folgen eures Handelns habt ihr jetzt zu tragen. Immer wieder frage ich mich an dieser Stelle, warum der Herr die beiden nicht davon abgehalten hat; warum schaut er seelenruhig zu, wie seine Geschöpfe in ihr Verderben laufen? Er hätte es verhindern können, aber er lässt es geschehen, ist verärgert und denkt sich obendrein als Strafe noch einige Mühsal für die beiden Übeltäter aus.

Eine schöne Geschichte haben uns die ersten Menschen da eingebrockt. Jeder Christ weiß selbstverständlich, dass der heilige Apostel Paulus daraus die Erbsündenlehre entwickelte. Auch eine sehr schöne Geschichte. Der Tod, schreibt Paulus ist seinem Brief an die Römer (6,23), ist »der Sünde Sold«, also eine Erbschaftssache. Für Christen besteht ein enger Zusammenhang zwischen Tod und Sünde. Weil wir alle Sünder sind, müssen wir auch alle sterben. Daraus ergibt sich logischerweise: Weil ich sterblich bin, muss ich auch ein Sünder sein! Andernfalls wäre ich unsterblich. Weil ich aber nicht unsterblich bin …

Also bitte! Eines muss man dem Paulus lassen, es hat eine gewisse Logik!

Weil die ersten Menschen ein göttliches Verbot übertreten, müssen alle nachfolgenden Generationen dafür büßen. Grundsätzlich kriegen wir alle, soweit wir Christen im paulinischen Sinn sind, mit unserer Geburt die sündige Erbschaft und die Aussicht auf ewige Verdammnis als Geschenk … na ja, Geschenk ist eventuell doch etwas übertrieben – zum Leben dazu, als Give-away.

Gilgamesch

Die Suche nach einer Substanz, die dem Tod Einhalt gebietet, ist so alt wie die Menschheit selbst. Im »Gilgamesch«-Epos, dem ältesten menschlichen Schriftzeugnis, träumt König Gilgamesch von der ewigen Jugend. Scheint so, als hätte er ein Problem mit dem Älterwerden gehabt. Von Beruf König, da liegt der Gedanke an die Unsterblichkeit nahe, weil ein König grundsätzlich von dem Gefühl seiner Unentbehrlichkeit getrieben wird. Ein bekanntes Leiden, das alle Führerfiguren früher oder später befällt. Gilgamesch ist natürlich göttlicher Herkunft und vom Schicksal für ganz große Aufgaben ausersehen. Und welche Herausforderung ist größer als die, den Tod zu besiegen?

Gilgamesch geht beherzt ans Werk. Logisch, was soll er anderes machen, schließlich muss er seinem Heldenstatus gerecht werden. Erst einmal baut er eine Mauer um die Stadt Uruk, um sich auf diese Weise zu verewigen. Alle nachfolgenden Generationen sollen mit dieser Mauer den Namen Gilgamesch verbinden. Ein kläglicher Versuch, um Unsterblichkeit zu erlangen. Aber was stellt man nicht alles an als Mensch, um die Erinnerung an sich wachzuhalten. Der große Alexander konnte den Kragen überhaupt nicht vollkriegen, er eroberte rücksichtslos riesige Reiche, er zog bis nach Indien und hätte immer weitergemacht, wenn nicht seine Soldaten gemault und gemurrt hätten, weil sie die Schnauze gestrichen voll hatten von den Feldzügen. Dennoch, Alexanders Ruhm trägt bis heute, seine Eroberungszüge gingen in die Geschichtsbücher ein.

Gilgameschs Hunger nach Ruhm war auch immens. Es ging ihm nicht nur darum, als Held zu überleben, er hatte den Ehrgeiz, tatsächlich unsterblich zu werden. Er findet einen Verbündeten und Freund mit Namen Enkidu, der ihm dabei behilflich sein soll. Enkidu ist ein seltsames Wesen. Er ist halb Mensch und halb Tier. Ein Wilder, ein unzivilisierter babylonischer Tarzan. Noch mehr Affe als Mensch. Enkidu lebt mit einer Priesterin zusammen, die in einem Tempel als Dirne Dienst tut. Sie zivilisiert Enkidu, macht ihn zu einem Menschen, indem sie ihm unter anderem Bier einflößt. Im alten Babylon führte der Genuss von Bier zu menschlichem Verhalten. Welche Ausmaße die Menschlichkeit nach ein paar Maß Bier erreichen kann, demonstrieren jedes Jahr viele total zivilisierte Männer und Frauen auf dem Münchner Oktoberfest.

Die ganze Geschichte erinnert in Teilen an die Genesis des Alten Testaments. Enkidu wird von einer Göttin aus Lehm geformt, es gibt eine noahähnliche Figur, eine Sintflut und viele göttliche, schicksaltreibende Momente, die möglicherweise in transformierter Weise in die Genesis eingeflossen sind. Der Gott des Alten Testaments war belesen und übernahm für seine Schöpfungsgeschichte, was er brauchen konnte, auch aus anderen Überlieferungen.

Unsterblichkeit spielt in beiden Erzählungen eine zentrale Rolle. Im Paradies des Alten Testaments sind die Menschen von Anfang an unsterblich, verlieren aber durch Gebotsübertretung dieses Privileg. Sie sind dadurch mit der Erbsünde befleckt und müssen sterben.

Im älteren Gilagmesch-Epos sind die Menschen sterblich und streben Unsterblichkeit an. Und warum? Weil sie noch keine Paradiesvorstellung mit einem Leben nach dem Tod entwickelt hatten. Sie waren noch nicht so weit. Da hat die Fantasie gefehlt. Das babylonische Bewusstsein war mit der Wirklichkeit im Diesseits vollkommen ausgelastet. Die Idee einer jenseitigen Welt war in den Köpfen noch nicht gereift. Deshalb kann Gilgamesch nur im Diesseits die Unsterblichkeitsvision entwickeln. Gilgamesch war ein Realist.

Als er von einem Kraut hört, das Unsterblichkeit verspricht, macht er sich auf die Suche. Dafür ist er bereit, unmenschliche Qualen auf sich zu nehmen. Er muss unter anderem einige sehr schwere Aufgaben lösen. 300 Bäume fällen! Gilgamesch ist Superman, ein Ninja Warrior, ein Athlet, der einen Parcours schwerster Prüfungen absolvieren muss, den er am Ende erfolgreich besteht. Er findet tatsächlich das lebensspendende Kraut. Bei der Jagd danach hat er sich sehr anstrengen müssen. Er ist erschöpft und legt sich nieder, um sich auszuruhen. Eine listige Schlange (Achtung – Genesis!) entwendet ihm das Kraut im Schlaf. Dumm gelaufen!

Aber es bleibt die frohe Botschaft: Gegen den Tod ist ein Kraut gewachsen. Es wächst irgendwo da draußen in der Botanik. Nur wo? Vielleicht an einem Bahndamm, an einer stillgelegten Strecke? Wir müssen es finden! Wenn es irgendwo wächst, finden wir es!

Geist ohne Körper

Wer ist schon bereit, die Dinge bis zur letzten Konsequenz zu Ende zu denken? Wer sich auf der Zielgeraden seines Lebens befindet, denkt nichts mehr zu Ende. Das nahende Ende kommt ganz automatisch in den Blick, alles Weitere ergibt sich. Ich kann mir nicht vorstellen, dass einer auf den letzten Metern, das »warme Licht« vor Augen, noch Pläne schmiedet. Auszuschließen ist das natürlich nicht. Philosophen sind zu allem fähig. Von Epikur ist ein Todesgedanke von bestechender Logik überliefert: »Das schauerlichste Übel, der Tod, geht uns nichts an, denn solange wir existieren, ist der Tod nicht da, und wenn der Tod da ist, existieren wir nicht mehr. Er geht also weder die Lebenden an noch die Toten; denn die einen berührt er nicht, und die anderen existieren nicht mehr.« Das ist scharf gedacht. Diese Sätze sind streng logisch. Der Gedanke bewegt sich haarscharf an der Grenze, wo das Leben endet und der Tod beginnt.

Moment, ich muss kurz nachdenken! Was beginnt eigentlich mit dem Tod? – Der Zerfall! Die Umwandlung! Richtig. Epikur liegt richtig, was die Phase des Todes beziehungsweise den Todeszustand angeht, denn als Toter denkt niemand mehr über seine Lage nach. Dazu bräuchte er ein Bewusstsein, das aber mit dem Tod erlischt. Was nicht für immer gelten muss. Es gibt Forscher in Silicon Valley, die an technischen Verfahren arbeiten, das individuelle Bewusstsein eines Menschen über den Tod hinaus zu erhalten. Sie hoffen, in nicht allzu ferner Zukunft durch *mind uploading* den kompletten Geist eines Menschen mit allen seinen individuellen Fähigkeiten auf eine Festplatte übertragen zu können. Es stirbt zwar nach wie vor der Körper, der Geist aber würde in einem Computer weiterleben und, bei entsprechender technischer Fortentwicklung, lernfähig bleiben und sich permanent weiter optimieren. Die mit zunehmendem Alter einhergehenden Gedächtnisschwächen wären ein für alle Mal behoben. Es gibt bei diesem Traum vom »ewigen Geist« nur ein ernst zu nehmendes Problem – plötzlich auftretender Stromausfall.

Ein reiner Geist ohne Körper gilt seit den Anfängen des Denkens im klassischen Griechenland als Ideal, hat sich aber noch nicht durchgesetzt. Die Gegenbewegung, die den geistlosen Körper anstrebt, hat es hingegen weit gebracht. Sie hat große Teile der Medien erobert und bevölkert sehr viele Fernsehsendungen, durch die sie völlig hemmungslos immer mehr Anhänger findet. Der Tod, den die geistlosen Körper anstreben, ist ein leichter, weil sie das Talent, gedankenlos vor sich hin zu leben, gnadenlos nutzen. Sie leben nach der Devise: Was geht mich der Tod an, solange ich lebe!

Nicht alle sind dazu in der Lage. Sie plagen sich mit düsteren Gedanken an ihr Ende. Und logische Sätze, wie sie Epikur vordenkt, helfen kaum weiter, wenn der Tod in der Tür steht. Logik tröstet eigentlich nie, sie wirkt eher unerbittlich und verliert ihre Kraft, wenn er uns mit seiner Sense von den Beinen holt. Epikur glaubt, mit seinen Finten dem Tod ins Gesicht lachen zu können. Wir waren ja nicht dabei und wissen nicht, wie der Tod auf seine Logelei reagierte. Sicher ist nur, dass er auch ihm das Lebenslicht ausgeknipst hat.

Wir sollten uns angesichts des Todes von der Logik nicht allzu viel erwarten. Spätestens seit Achills Wettrennen mit der Schildkröte wissen wir, dass Logik etwas für scharfe Denker ist, die mithilfe solcher Modelle zum Vergnügen vieler Mathematikschüler ihren Geist wetzen. Achill kann die Schildkröte nie einholen. In der Theorie geht die Rechnung auf. In der Praxis siegt trotzdem gegen alle Logik Achill. Oder glaubt jemand im Ernst, dass er hinter der Schildkröte ins Ziel einläuft? Die Mathematiker führen gern die unendliche Zahl an, die wir nicht kennen, weil immer noch eine auf die letzte folgt. Alles richtig. Aus dem Unendlichkeitstheorem glauben sie einen Gott herleiten zu können, der irgendwo zwischen Wahrscheinlichkeit und unendlicher Annahme für alle Gesetzmäßigkeiten verantwortlich zeichnet. Doch auch die Mathematik ist ein Produkt unserer Gehirnwindungen und verweist damit auf unser beschränktes Denkvermögen, das Kant mit den Bedingungen der Möglichkeiten von Erkenntnis beschrieben hat. Wie können wir mit unseren begrenzten Bedingungen der Möglichkeit von Erkenntnis Gott denken? Oder auch nur einen Hinweis auf ihn daraus ableiten? Ist Gott eine Ableitung? Berechtigt die Erkenntnis, Gott nicht erkennen zu können, zur Annahme seiner Existenz?

Ausgehend von Epikurs Logik bin ich nun mal wieder bei Kant gelandet, der uns ja viel zu sagen hatte, wie ich Ihnen schon aufgezeigt habe. Aber seltsam, kaum dass er tot war, ist auch er verstummt.

Tote sprechen

Der Philosoph Karl-Otto Apel konstatiert: »Der Tod ist eine Bedingung der Möglichkeit von Bedeutung.«

Aha. Immerhin! Ich wusste, dass er einen Sinn hat. Der Tod, der am Ende jeder Existenz im Ziel wartet, fordert zu einer Bewertung des Lebens heraus. Was hab ich aus meinem Leben gemacht? War es sinnvoll, dass ich es als Busfahrer verbracht habe? Das ehrende Andenken wird bei den Fahrgästen auf der Linie 134 enorm sein. Ich weiß nicht, ob sich Schlachter am Ende ihres Lebens angesichts der Bedingung einer Möglichkeit fragen, wie viele Schweine, Kälber und Rinder sie getötet haben. Vielleicht gibt es tatsächlich Müllwerker, die auf der Zielgeraden feststellen, dass sie im Entsorgungsgewerbe »Maßstäbe gesetzt haben«.

Und als Bestatter kann man am Ende seines Lebens die positive Bilanz ziehen, eine beträchtliche Zahl an Verstorbenen unter die Erde gebracht zu haben. Auf dem Grabstein steht als Inschrift: *Begraben war sein Leben.*

Über die Bedeutung des Todes aus Sicht der Betroffenen kann eigentlich nur geschwiegen werden.

In der Literatur allerdings kommt es vor, dass Tote denkend und sprechend über ihr Totsein berichten. Und wenn es ganz schlimm kommt, leben sie sogar weiter. Jean-Paul Sartre hat uns in seinem Stück »Geschlossene Gesellschaft« gezeigt, wie es im Leben danach zugehen könnte, nämlich genau so, wie es im Leben davor auch schon zugegangen ist. Trostlos hell, ein Totenraum in Neonlicht getaucht, in dem gnadenlose Langeweile herrscht. »Die Hölle, das sind die anderen.«

Der Satz hat sich eingeprägt. Ich denke dabei an katholische Knabenseminare, in denen geweihte Priester ihnen anvertraute Knaben behutsam an die sexuellen Freuden gewöhnten und mit Wissen und Billigung höchster Stellen diesen Satz Wirklichkeit werden ließen.

Jeder kennt Gemeinschaften, auf die er ebenso zutrifft. Die bereits mit Horvath angesprochene Ehehölle kennt man auch aus Erzählungen vieler Paare, die ihre Beziehung im Himmel auf Erden begannen und sich schließlich gemeinsam das Leben zur Hölle machen. Oft zur Freude der Scheidungsanwälte. Und wenn die Exliebenden prominent genug sind, auch zu unserer, denn dann werden die Details in den bunten Blättern veröffentlicht.

Die CDU/CSU, die SPD, alle politischen Gruppierungen können »Parteifreunden« ebenfalls zur Hölle werden, wenn es um persönliche Aufstiegschancen, um feste Listenplätze, Posten und Pöstchen geht. Es ist ein Hauen und Stechen in allen Varianten zu beobachten. Menschen haben immer Freude daran, andere zu quälen. Und was gibt es für politisch aktive Menschen Schöneres, als anderen, die nicht ihrer Meinung sind, mächtig in die Parade zu fahren und sie zu mobben, im Hintergrund Intrigen zu spinnen, Gerüchte in Umlauf zu bringen, um den Ruf eines missliebigen Konkurrenten zu ruinieren und bleibenden Schaden anzurichten, bis einer, wie man so sagt, »politisch tot« ist. Es müssen nicht immer gleich Mord und Totschlag ins Spiel kommen, wie uns das in Shakespeares Stück »Macbeth« eindrucksvoll vor Augen geführt wird. Es gibt in der Politik viele Möglichkeiten, um jemanden kaltzustellen oder abzuservieren.

Und auch hier fordert der Tod, der politische, gesellschaftliche, die Lebenden heraus, die Bedeutung ihres Lebens zu bewerten.

Es gibt Todesfälle, die nie aufgeklärt wurden. Wir wissen aus unzähligen Kriminalgeschichten, dass wir auf Indizien und Tatumstände angewiesen sind.

Forensiker untersuchen Leichenflecken und Leichenstarre, berechnen anhand von Körper- und Umgebungstemperatur möglichst präzise den Todeszeitpunkt; bei älteren Leichen gibt der Insektenbefall wertvolle Hinweise. Und trotzdem kann oft nur eine Zeitspanne von Stunden oder gar Tagen eingegrenzt werden, die ein intelligenter Täter mittels eines Alibis längst abgesichert hat. Nicht selten kommt es daher vor, dass ein Unschuldiger verurteilt wird. Da wäre es doch schön, wenn man am Tatort die Leiche verhören könnte.

Szene: Straße/außen/Nacht

Eine Leiche liegt am Straßenrand, offensichtlich mit einem Messer erstochen. Schaulustige stehen hinter einer Absperrung und behindern die Polizeibeamten bei ihrer Arbeit. Mit dem iPhone drehen sie Videos, die sie ins Netz stellen. Die Mordkommission ist am Tatort und ermittelt.

KOMMISSAR:
Gibt es Zeugen?

STIMME AUS DEM OFF:
Ja, mich.

Irritiert dreht sich der Kommissar um, sucht nach dem Ursprung der Stimme. Er sieht niemanden.

KOMMISSAR:
Wer war das?

LEICHE:
Ja ich! Ich war schließlich dabei.

KOMMISSAR:
Wo sind Sie denn?

LEICHE:
Hier, direkt zu Ihren Füßen!

Der Kommissar betrachtet irritiert die Leiche, die vor ihm auf dem Boden liegt.

KOMMISSAR:
Wie bitte? Seit wann können Leichen sprechen?
Wer hat denn das ins Drehbuch geschrieben?

LEICHE:
Ich! Ich bin schließlich der Drehbuchautor.

KOMMISSAR:
Dann wundert es mich nicht, dass Sie ermordet wurden.
Was wollten Sie denn mit so einem Text bezwecken?

LEICHE:
Einer vernachlässigten Minderheit endlich eine
Stimme geben. Wer, wenn nicht wir Autoren,
kann die psychologische Dimension des Todes
intellektuell erfassen?

KOMMISSAR:
Ah ja, das leuchtet ein.

LEICHE:
Also bitte halten Sie sich jetzt an ihren Text,
hier wird nicht improvisiert. Sonst sorge ich dafür,
dass Sie in der nächsten Folge ermordet werden.

KOMMISSAR:
Für eine Leiche könnte das möglicherweise
eine Herausforderung sein.

LEICHE:
Legen Sie sich nicht mit mir an!
Sonst verweigere ich die Mitarbeit,
und Sie bekommen diesen Fall nie gelöst!
Das versaut Ihnen die Aufklärungsstatistik.

KOMMISSAR:
Na gut, ich möchte in Ihren letzten Minuten
hier nicht mit Ihnen streiten.
Also, bevor Sie ganz den Geist aufgeben,
schildern Sie den Tathergang!

LEICHE:
Jetzt halten Sie doch bitte kurz einen Moment inne,
ich muss mich schließlich erst damit abfinden, tot zu sein.
Dramaturgisch ist es höchst unglaubwürdig,
wenn eine Leiche so mir nichts, dir nichts akzeptiert,
dass sie tot ist. Ich befinde mich momentan
noch im Stadium des Zweifels, ich hadere,
vielleicht bin ich gar nicht tot?
In mir keimt Hoffnung…

KOMMISSAR:
Hoffnung? Die stirbt bekanntlich zuletzt,
aber vorher sind Sie dran. Glauben Sie mir.
Der Arzt hat – so steht es übrigens im Text –
Ihren Tod eindeutig festgestellt.
Da gibt es kein Zurück mehr.

LEICHE:
Noch nie etwas von Improvisation gehört?
Ein letztes Aufbegehren angesichts des nahenden Nichts?
Letzte Gedanken einer Leiche. –
Guter Titel für einen Krimi übrigens.
Könnte mein nächstes Drehbuch werden …

KOMMISSAR:
Den Zahn muss ich ihnen aber jetzt ziehen!
Sie sind mausetot und nicht mehr in der Lage,
hier Pläne für die Zukunft zu schmieden.
Und wenn ich mir die Bemerkung erlauben darf:
Was Sie hier abziehen, das zieht sich.

LEICHE:
Also gut, dann werde ich Ihnen jetzt
den Tathergang schildern. Langeweile ist das Schlimmste,
was einem Krimiautor nachgesagt werden kann.
Das möchte ich nicht in meinem Nachruf lesen!

KOMMISSAR:
Na bitte, geht doch, das erspart mir eine Menge Arbeit
und Ihnen Ärger. Schießen Sie los.

Und dann erzählt der Ermordete, wie er ums Leben kam.
Der Fall ist geklärt, der Film zu Ende.

Absurd! So einen Dialog gibt es nicht. Außer im Film.

Wir verfügen über keine adäquate Sprache, die über das Totsein berichten könnte. Sprechen können wir nur über Zustände, die wir erleben. Und den eigenen Tod erlebt man nicht, wie Ludwig Wittgenstein bemerkte.

Eigentlich schade. Der Tod ist keine Tatsache dieser Welt. Präziser: Nur für den nicht, der tot ist. Für die Überlebenden schon. Einerseits macht der Tod, wie gesagt, sprachlos, andererseits können die wenigsten von ihm schweigen; weil wir uns mit der Sprachlosigkeit nicht abfinden können, müssen wir davon reden.

Die »Bedingung der Möglichkeit von Bedeutung« hat zur Produktion von dicken Büchern geführt, die ganze Bibliotheken füllen. Alle Religionen beziehen aus dieser Todessache ihre größten Wahrheiten. Das gesamte Denken der Menschheit – jetzt trau ich mich mal –, die Kultur insgesamt beruht auf der Sprachlosigkeit, die der Tod auslöst.

Noch ein Ass im Ärmel

Das Leben könnte so schön schrecklich sein, wenn bloß der Tod nicht wär. Ich weiß. Das Leben ist ohne den drohenden Tod schon schrecklich genug. Das Leben ist selbstverständlich trotz Tod auch schön. Oder grade deswegen! Es ist sowohl als auch, und es lohnt sich, darüber nachzudenken.

Der Tod hat keinen wirklich guten Ruf, weil er immer ungelegen kommt. Er gilt als mächtiger Spielverderber. Immer hat man noch etwas vor im Leben, man wollte noch dies und das erledigen, einen Baum pflanzen, ein Kind zeugen, ein Buch schreiben oder irgendetwas anderes im besten Fall Sinnvolles mit seinem Leben anfangen, um ein bisschen unsterblich zu werden, und dann kann man nicht mehr, weil die »kalte Hand des Todes« das Herz berührt und damit alle Aktivitäten hier im Diesseits abrupt beendet.

Der Tod ist unerbittlich. Er kennt keine Verwandten, er bevorzugt niemanden, er benachteiligt aber auch niemanden. Er ist gerecht. Dichter nimmt er ebenso mit wie berühmte Sänger, Schauspieler, Künstler, Fürsten, Könige, Bettler, Arme und Reiche, Junge und Alte; alle sind sterblich und irgendwann dran. Wenn vom Tod die Rede ist, ziehen schwarze Wolken durchs Gemüt. Er ist eine furchterregende Gestalt, die in Bildern als Knochengerippe dargestellt wird oder als schwarzer Geselle, der in einer Hoodie-Kutte sein Unwesen treibt.

In dem Film »Rendezvous mit Joe Black« spielt Brad Pitt hingegen einen Tod, von dem man sich gern abholen ließe – als Frau. Ich persönlich würde mich zwar lieber von Michelle Pfeiffer oder Julia Roberts abholen lassen, aber wenn der Tod solche Formen annähme, ergäben sich ganz andere Einsichten in das Unausweichliche! Man ließe sich willig an der Hand nehmen.

Aber – und jetzt kommt die frohe Botschaft – den Tod gibt es gar nicht. Er ist eine Symbolfigur, die wir uns erfunden haben, um ein Bild von ihm zu haben. Wir sehen ihn zu negativ. Er ist einerseits der große Finalist, andererseits ist er die Voraussetzung fürs Leben. Fürs ewige sowieso, weil ohne ihn keiner ins Jenseits kommt.

Und dennoch empfinden ihn viele Menschen als sinnlos. Sie mühen sich ein Leben lang ab, um etwas zu schaffen, um sich zu bilden, zu lernen, zu forschen, sogar wissenschaftlich, sie sammeln Expertenwissen in ihrem Gehirn, bleiben neugierig auf die Zukunft, geben einfach nicht auf, bleiben dran, stecken Rückschläge ein, fangen immer wieder von vorne an – doch kurz vor dem Ziel nimmt sie der Tod aus dem Spiel. In den Todesanzeigen heißt es dann: *Aus der Mitte des Lebens gerissen. Er hatte noch so viele Pläne. Wie das Schicksal so spielt!* Was soll das?

Im lesenswerten Buch von Abt Muho, der eigentlich Olaf Nölke heißt und heute einem Zen-Kloster in Japan vorsteht, findet sich eine Geschichte, die mich sehr nachdenklich gemacht hat.

»Bei der Geburt erhält jeder Mensch einen Stapel Karten. Jeden Tag, an dem er fortan lebt, muss er eine hergeben« – so beginnt seine Geschichte vom Leben als Kartenspiel. Die Abgabe der Karten ist anfangs kinderleicht. (Schön ist die Jugendzeit, doch sie kommt nicht mehr!) Je länger einer lebt, desto weniger werden die Karten. Der Stapel wird kleiner. Eines Tages wird jedem klar, dass seine Zeit begrenzt ist. Schließlich bleiben immer weniger Karten übrig. Und je älter wir werden, desto stärker haben wir das Gefühl, das Leben rast dahin. Das Ende rückt näher, mit der letzten Karte wird das Spiel aus sein. Im Moment stellt sich spontan bei mir das Gefühl ein, ich hielte eine Trauerrede. Das war gar nicht meine Absicht.

Es kommen Gedanken über den Sinn des Lebens auf. In der Rückschau auf das gelebte Leben fängt man an, Bewertungen vorzunehmen. Die einen sehen es eher negativ, die anderen können dem Ganzen positive Seiten abgewinnen. Alle wissen, dass der Tag kommen wird, an dem jeder seine letzte Karte abgibt.

So weit die Geschichte. Abt Muho glaubt nicht an die gnadenlose Abfolge der von Geburt an bereitgestellten Karten. Er sieht die Sache anders. Er stellt den Charakter des Spiels insgesamt infrage. Für ihn gibt es diesen kontinuierlichen Ablauf des täglichen Kartenabgebens nicht. Er ist überzeugt davon, dass jeder nur eine einzige Karte bekommt, und für »jede, die wir täglich ausspielen, bekommen wir eine neue zugeteilt«. Denn, so Muho, jeder Tag kann der letzte sein. Das ist leider wahr. Es kann auf einmal ein Unglück passieren, und – ob mit oder ohne einem Stapel Karten – die letzte Karte bleibt die unwiderruflich letzte.

Weil Muho Buddhist ist, will er im Jetzt leben, und darum denkt er nicht an morgen. Er konzentriert sich auf jeden Moment, den er intensiv erleben will. Und er behauptet, dass wir jeden Augenblick nur erleben, wenn wir akzeptieren, dass er gleich vorbei sein wird. Es gibt also nur das Heute, in dem ein Augenblick auf den nächsten folgt.

Die Geschichte vom Leben als Kartenspiel hat mich tagelang beschäftigt und kommt mir immer wieder in den Sinn. In meiner Jugend gab es Tage, an denen ich mehrere Karten auf einmal ausgespielt habe – ohne Gewinn! Jetzt erlebe ich Tage, an denen ich die Karte nur zögerlich hergeben kann. Beim Skifahren auf der Seiser Alm, oben auf einem Berg stehend, kurz bevor ich in den Hang einfahre, erlebe ich Augenblicke, die ich am liebsten festhalten möchte. Ich weiß natürlich, dass das ein unsinniger Gedanke ist, und fahre kurz entschlossen den Hang hinunter, um, unten angekommen, wieder in den Lift zu steigen, der mich sanft über schneeweiße Wiesen hinaufträgt. Ein Augenblick am anderen.

Wenn ich es mir recht überlege, gefällt mir die Geschichte mit dem Kartenstapel doch. Wer weiß, was da für welche dabei sind – vielleicht sogar jede Menge Asse. Auch gefällt mir der Gedanke, dass ich mit den Karten spielen kann, vielleicht sogar einen Mitspieler finde, mit dem ich Karten austauschen kann. Dann ergäben sich völlig neue Kombinationen, und es bliebe aufregend und spannend, was für eine Karte als nächste ausgespielt würde.

Jeder stirbt für sich allein

Viele wollen mit dem Tod möglichst wenig zu tun haben. Warum eigentlich? Wenn er kommt, ist man auf einen Schlag alle Sorgen los. Alle Probleme, die man hatte oder zu haben glaubte, werden zur Lösung an die Nachkommen weitergereicht. So gesehen ist der Tod ein freundlicher Helfer. Danach ist man fein raus.

Und doch wollen ihn die meisten vermeiden. In Todesanzeigen liest man, dass die Beisetzung »in aller Stille« stattgefunden hat. Heimlich? In der Abgeschiedenheit? Unter Ausschluss der Öffentlichkeit! Warum dürfen wir da nicht dabei sein? Der Tod gehört doch zum Leben dazu! Kann sein, dass es vor langer Zeit einmal so war. Die Zeiten, als der Tod fester Bestandteil des Lebens war, sind lange vorbei. »Boandlkramer«, wie die Bestatter in Bayern genannt werden, stellen heutzutage eher das Gegenteil fest. Immer öfter hat der Tod im Leben nichts verloren. Meine Großmutter, die von zwölf Kindern das älteste war, hat mir erzählt, dass beim Tod der Mutter alle Kinder am Bett saßen und bis zum letzten Atemzug bei ihr geblieben sind.

Es gibt vehemente Widerstände gegen die Integration des Todes ins Leben. Lieber feiern wir das Leben, lassen es krachen, nehmen mit, was wir kriegen können. Wir singen ein Hoch auf das Leben, was nicht die schlechteste Einstellung dazu ist. Nach uns die Sintflut, die wir am liebsten auch noch von höherer Warte aus beobachten möchten. Wenn es so weit ist, wird sie bestimmt live im Fernsehen übertragen. Beim Warm-up spielen die Toten Hosen »Tage wie diese«. Katja Horneffer und Sven Plöger kommentieren. Aufgrund des hohen Sterbeaufkommens warnen Mediziner vor Seuchengefahr. In den Krematorien helfen Gelbe Engel des ADAC im Sargstau. Vertreter beider Konfessionen rufen zum Gebet auf.

Einen größeren Gegensatz als Leben und Tod kennen wir nicht. Tod, wo ist dein Stachel? Überall! Er stachelt solange noch irgendwo etwas lebt. Nicht das Leben endet mit dem Tod, nein, der Tod lebt, und damit gehört auch das Leben zum Tod. Denn danach geht's ja weiter, mit dem Leben nach dem Tod.

Jede Philosophie ist Sterbensphilosophie. Wer hat solche Erkenntnisse? Natürlich Philosophen, Theologen und andere Geistesgrößen! Und warum? Weil sie ordentlich nachgedacht haben. Seitdem der alte Platon diesen Satz rausgehauen hat, wollen alle als Philosophen sterben. Richtig leben bedeutet also, den Tod im Auge zu behalten. Richtiges Leben beinhaltet wesentlich die Einübung des Sterbens.

Deshalb werden Integrationskurse angeboten, Todes- und Sterbeseminare, wo das optimale Sterben trainiert werden kann. Die weitverbreitete Meinung, Sterben sei ein natürlicher Vorgang und müsse nicht erlernt werden, wird in zahlreichen Vorträgen und Veröffentlichungen widerlegt. Das wäre doch geradezu peinlich, wenn es so weit ist und man nicht weiß, wie man sich in der finalen Lebenssituation verhalten soll. Viele sind unsicher und haben Angst, etwas falsch zu machen. Schleicht der Tod ums Haus, ver-

rammeln sie Türen und Fenster und hoffen, dass er woanders klingelt. Ist natürlich sinnlos. Deshalb werden ver-
lockende Seminare angeboten, die »Death Education«,
»Happy Dying« und »Kreatives Sterben« versprechen. Pro-
fessionelle Thanatopsychologen lehren Trauerarbeit. Jeder
kann mitmachen. Abitur ist nicht zwingend erforderlich.
Hilft auch nichts. Der Bildungsgrad spielt am Ende keine
Rolle. Dem Tod ist es völlig egal, ob einer Professor ist
oder ungelernter Hilfsarbeiter. Wichtig ist: Jeder kann eine
Todesbewältigungskompetenz erwerben.

Kein Leben ohne Tod, und ohne Tod kein Leben. Der
Tod ist das Leben! Das Leben wird gedeutet als mehr oder
weniger sich hinziehendes Ableben. Da ist was dran. Der
Mensch stirbt von Anfang an, weil das Leben, je länger es
dauert, zunehmend schwächer wird. Der Körper wird zur
Problemzone. Je länger wir leben, desto gebrechlicher werden wir, bis wir irgendwann nicht mehr lebensfähig sind
und sterben. Das ist scharf beobachtet. Brauchen wir für
solche Lehren tatsächlich Seminare?

Aber, seien wir ehrlich, der Tod, vor allem der eigene, ist
in der ganz persönlichen Lebensplanung eigentlich nicht
vorgesehen. Freilich gibt es Menschen, die freiwillig aus
dem Leben scheiden, weil sie aus irgendwelchen Gründen
die Schnauze voll haben und deshalb lieber tot als lebendig
sind. Man kann den Freitod natürlich nicht generalisieren.
Man muss das von Fall zu Fall unterschiedlich betrachten.
Wenn jemand für sich die Entscheidung trifft, nicht mehr
weiterleben zu wollen, ist dagegen erst einmal wenig einzuwenden. Da aber der Mensch ein soziales Wesen ist, das
nie allein auf der Welt ist, gehört kein Tod jemandem ganz
allein. Das sollte man bedenken. Dazu wird bestimmt auch
ein Kurs angeboten, »Social dying«! Vielleicht fallen mir
grade deshalb jetzt die Eskimos ein (die man nicht mehr so
nennen darf, politisch korrekt heißen sie Inuit), bei denen

es üblich sein soll, den Opa, die Oma, wenn er/sie das Greisenalter erreicht hat, allein ins Eis gehen zu lassen, wo der Eisbär schon auf sie/ihn wartet. Er? Sie? Divers? Ich weiß grad nicht, wie ich mich korrekt ausdrücken soll. Bestimmt gibt es schon ein genderspezifisches Trauerseminar. Gender Dying. Divers Dying! Gleichgeschlechtliches Dying? Home Dying? Homo and Lesbian Dying? Jeder Mensch ist anders, und jeder stirbt heut anders und letztlich doch für sich allein.

Der Tod ist nicht das schlimmste Schicksal, das die Menschen heimsuchen kann. Noch schlimmer wäre ein Leben ohne Tod. José Saramago, der portugiesische Literaturnobelpreisträger, schildert in seinem Roman »Eine Zeit ohne Tod« die katastrophalen Zustände, in die ein nicht näher benanntes Land gerät, wenn der Tod seine Arbeit einstellt. In der Silvesternacht um null Uhr beginnt das Leben ohne Tod. Selbst jene, die dem Tod bereits die Hand gereicht haben, lässt er in ihrem Krankheitselend weiterleben. Das Unheil nimmt seinen Lauf. Die katholische Kirche verliert über Nacht ihren Glaubenskern. Voraussetzung für die Auferstehung von den Toten ist selbstverständlich der Tod, der Glaube verliert an Attraktivität.

Die Regierung kommt in größte Schwierigkeiten, weil der demografische Faktor die sozialen Einrichtungen zunächst überlastet und schließlich implodieren lässt. Die Alten- und Pflegeheime sind überfüllt, die Renten können nicht mehr finanziert werden, die Gesellschaft überaltert zusehends. Irgendwann müssen immer mehr Greise versorgt werden. Die Betreuung der Alten bestimmt schließlich das Leben der jungen, nachwachsenden Generationen, die aufgrund des medizinischen Fortschritts auch immer älter werden, aber die damit einhergehenden Phänomene der zunehmenden geistigen und körperlichen Gebrechlichkeit nicht mehr in den Griff kriegen. In einem Nachbarstaat dieses seltsamen Landes, in dem nicht mehr gestorben werden kann, erledigt der Tod nach wie vor zuverlässig seine Aufgaben. Heimlich werden die Todeskandidaten deshalb in Nacht- und Nebelaktionen über die Grenze geschafft, um sie dort sterben zu lassen. Es entsteht eine florierende Sterbe-Mafia, die gegen Geld die zum Sterben Entschlossenen ins Ausland überführt, wo sie den erlösenden Tod empfangen.

Ohne Tod, so die Erkenntnis des Romans, haben wir keine Zukunft. Wir sollten dankbar sein, irgendwann sterben zu dürfen.

Seelendreier

Platon. Nicht nur in Philosophieseminaren, auch in Jenseitsdebatten fällt immer wieder sein Name, weil er als Erfinder der westlichen Seele gilt. Er war davon überzeugt, dass er nach seinem Tod im Reich der Ideen weiterlebe. Reich der Ideen? Das muss ich vielleicht ein wenig näher erläutern. Ich mach es kurz. Platon entwickelte ein spezielles Seelenkonzept: Sie sei von gleichbleibender Substanz, unteilbar und unsterblich. Woher er das wusste, bleibt sein Geheimnis. Seine Argumente sind, finde ich, ein bisschen schwach, aber sie waren stark genug, um den Kirchenvater Augustinus zu überzeugen, der die platonische Seele in den katholischen Glauben einbaute, wo sie sich bis heute großer Beliebtheit erfreut.

Die platonische Seele ist dreigeteilt, aber auch unteilbar. Ja, das sieht nach einem Widerspruch aus, aber für große Denker sind Widersprüche kein Problem. Die Dreigeteiltheit der Seele ist unteilbar. Basta! Die drei Seelenteile sind Mut, Begierde und Vernunft. Ich gebe zu, dabei sofort an Sigmund Freud gedacht zu haben, der die Psyche in Ich, Es und Über-Ich eingeteilt hat. Aber zurück zu Platon. Wenn die Vernunftseele, also nicht die von der Begierde getriebene und auch nicht die mutige, die Wirklichkeit betrachtet und erkennt, dann entdeckt sie darin zum Beispiel Formen, die nicht ideal sind. Kreise, Geraden, Parallelen, Geometrisches! Nichts davon ist perfekt. Alles, was die Vernunftseele erkennt, ist mangelhaft.

Aber nur, weil wir eine Vorstellung vom Vollkommenen haben, können wir erkennen, was mangelhaft ist.

Woher wissen wir das, fragt Platon. Wir erinnern uns! Erinnern können wir uns allerdings nur an Dinge, die wir schon einmal gewusst haben. Wenn die Vernunftseele demnach in der Lage ist, den Vergleich mit dem Ideal zu ziehen, muss die Seele eine Vorstellung vom Ideal in sich abgespeichert haben. Das klingt logisch. Und aufgrund dieses Wissens geht der Philosoph davon aus, dass die Seele schon mal gelebt haben muss, bevor sie in einem Körper wiedergeboren wird. Also, schließt er messerscharf, die Seele ist unsterblich.

Nach Platon tritt die Seele beim Tod eines Menschen, nachdem sie dessen Körper verlassen hat, ihre Reise ins Jenseits an. Sie hält sich bei den Göttern der Unterwelt auf – klassisch-griechisches Jenseitsmodell – und hat dort Gelegenheit, die ewigen Ideen zu schauen. Dabei nimmt sie die reine Wahrheit der Ideen in sich auf und wird Teil davon.

Erhält sie dann die Erlaubnis, zur Erde zurückzukehren, muss sie an der Quelle des Flusses Lethe Station machen, um daraus zu trinken. Das Wasser bewirkt, dass die Seele das ideale Wissen fast ganz wieder vergisst und sich später nur noch schwach an die reinen Wahrheiten erinnert. Durch strenges Philosophieren lässt sich die Erinnerung allerdings wieder aktivieren. Lehrt der Philosoph Platon. Auf diese Weise kann man seine eigenen Erinnerungslücken gut erklären. Philosophie wird damit lebensphilosophisches Programm inklusive Anleitung zum Sterben.

Jede Philosophie ist von ihrem Wesen her Vorbereitung auf den Tod. Höhepunkt des Lebens ist die Loslösung der Seele vom Körper, der Hülle und Gefängnis der guten Seele ist. Die Seele sollte sich also zu Lebzeiten von den Begierden freimachen, sollte den (Lebens-)Mut nicht überbewerten, sich auf die Vernunft konzentrieren und stets das Jenseits im Auge behalten, wo die ewige Ideenschau wartet und die Seele die Wahrheit erfährt, die reine Wahrheit und nichts als die Wahrheit.

Saubere Seelen

Als Kind konnte ich mir nichts unter einer Seele vorstellen. Mir war nur klar, dass der Teufel hinter ihr her war. Ich hatte also eine, musste eine haben, sie gehörte zu mir, sie ging mit mir in die Schule und in die katholische Kirche, um Gott den Herrn zu loben und zu preisen! An der Existenz meiner Seele gab es nicht den geringsten Zweifel! Sie war mein höchstes Gut.

Aber was sollte das sein, eine Seele? Und welche Farbe hatte sie? War sie blau oder eher rot? Ich hatte einmal einem Gespräch unter Erwachsenen gelauscht und gehört, wie sie von einer »schwarzen Seele« sprachen. Irgendjemand hatte eine schwarze Seele. Das hörte sich bedrohlich an. In Piratenfilmen war hie und da von »Seelenverkäufern« die Rede. Darunter verstand man wenig seetüchtige Schiffe, die bei Sturm auseinanderbrechen würden, weshalb die gesamte Besatzung den Tod durch Ertrinken erleiden müsste. Seelen konnten also verkauft werden.

In der Vorbereitung auf die Erste Heilige Kommunion, die wir am Weißen Sonntag empfangen sollten, wurden wir auch dem Sakrament der Beichte zugeführt. Unsere Seelsorger, die Pfarrer und Kapläne, schauten permanent sehr ernst und behaupteten, dass unsere Seelen rein sein müssten, um den Leib des Herrn zu empfangen. »Der Herr mag nämlich keine schmutzigen Seelen!« Sie müssten deshalb einmal die Woche geputzt werden. Der Pfarrer vollführte dabei mit seiner Faust eine Drehbewegung auf seiner Brust im Bereich des Herzens. Dafür sei der Beichtstuhl der richtige Ort. Die Seele wurde also durch sündiges Verhalten verunreinigt. Die Sünde lauerte überall. Der Putzkübel stand im Beichtstuhl.

Wir glaubten an unser Seelenheil. Nur hatten wir überhaupt keine Vorstellung davon. Seele war ein bedeutendes Wort ohne konkrete Bedeutung. Ich stellte sie mir wie einen der durchsichtigen Zellophanbeutel vor, in die meine Mutter in unserer Metzgerei den Kunden das Sauerkraut abpackte. Die Seele musste durchsichtig sein, sonst sähe man sie ja, dachte ich. In meiner kindlichen Vorstellungswelt existierte sie als ein dünnes, durchsichtiges Ding. Ich hatte überhaupt keinen Zweifel daran, dass es sie gibt und dass sie am Ende den Körper verlässt, um bei Gott zu leben. Als Engel, um dort himmlische Aufgaben zu übernehmen. Ich sah mich schon an der Posaune im himmlischen Posaunenchor.

Kann man wirklich an der Unsterblichkeit der Seele zweifeln? Als gläubiger Katholik bestimmt nicht. Der Glaube daran gehört zum Kernbestand der Lehre. Gott selbst war es, der sie im Paradies dem ersten Menschen eingehaucht hat. Nachdem er Adam »aus der Erden« geformt hatte, blies er ihm über die Nase den Odem ein und erweckte ihn zum Leben. Die Seele ist also ein göttlicher Hauch. Alles, was atmet, lebt mit göttlichem Odem, weil Gott ihm die Luft dazu gibt.

Es wurde schon alles Mögliche unternommen, um diesem göttlichen Odem auf die Spur zu kommen. Mediziner sezierten menschliche Organe, schnitten Gehirne auf, durchforsteten den kompletten Körper, schauten in allen Ecken und Winkeln nach, nirgends fanden sie eine Seele.

Ein pfiffiger Wissenschaftler holte Anfang des letzten Jahrhunderts von Sterbenskranken die Erlaubnis für ein Experiment ein. Er wog sie kurz vor ihrem Ableben und, nachdem der Tod eingetreten war, erneut. Tatsächlich ergab sich ein Gewichtsunterschied von ungefähr 7 bis 350 Gramm. Daraus schloss der findige Mann, der Gewichtsunterschied entstehe, weil die Seele den leblosen Körper verlassen habe. Durch welche Körperöffnung sie hinausgeschlüpft sei, ob durch die Nase, den Mund oder andere Ausgänge, teilte dieser Seelenexperte nicht mit. Immerhin glaubte er mit seinen Messungen nachgewiesen zu haben, dass die Seele ein spezifisches Gewicht habe. Eine Erklärung für die beträchtlichen Gewichtsunterschiede blieb er uns schuldig. Vielleicht sind in schwergewichtigen Körpern entsprechend schwere Seelen zu Hause? Oder es gibt einen Zusammenhang mit der Schwere der Sünden? Todsünden fallen wahrscheinlich schwerer ins Gewicht als leichtere Vergehen wie Wollust oder Fresssucht. – Eine wissenschaftliche Versuchsreihe dazu fehlt.

Der Versuch, eine menschliche Seele auf physikalischem Weg herzuleiten, ist auch heute noch ein hoch spannendes Forschungsgebiet. Namhafte Quantenforscher sind inzwischen der Überzeugung, die Existenz der Seele belegen zu können. Diese Seelenforscher gehen davon aus, dass sie wie das Licht sowohl aus Wellen als auch aus Teilchen besteht, die sich aber nicht nachweisen lassen! Diese Forschungsergebnisse kommen mir sehr entgegen, denn sie lassen jede Menge Spielraum für mein Fachgebiet, die freie Interpretation.

So kann jeder behaupten, dass es sie gibt oder auch nicht, ohne dafür Beweise anführen zu müssen. Die Seele lässt sich trotzdem nicht so einfach wegdiskutieren.

Die Idee der Seele besagt, dass wir nicht nur aus Fleisch und Blut bestehen, sondern auch aus geistigen Anteilen, die unser eigentliches Ich darstellen. Der Körper sei lediglich die Basis für die viel höher zu bewertende »wesentliche Substanz« der menschlichen Seele.

Bei leidenschaftlichen Seelentheoretikern genießt der Körper kein hohes Ansehen. Sie halten ihn für ein Gefängnis, aus dem die Seele befreit werden müsse. Die Gegner dieser Ansicht bestreiten die Existenz einer Seele und verehren den Körper als die einzig wahre Biostruktur, mit der und durch die menschliches Leben möglich wird. Es gebe keinen Dualismus von Leib und Seele und daher auch kein »Leib-Seele-Problem«, behaupten sie. »Seele« sei eine Erfindung der Metaphysik! Ja, es gebe »mentale Prozesse im Inneren«, Gedanken zu allem Möglichen, es gebe Empfindungen, ja, aber alles, was im Inneren unseres Denkorgans ankomme und dort zu irgendwelchen Abläufen führe, werde vom Körper ausgelöst, lasse sich auf Nervenimpulse zurückführen. Gedanken und Empfindungen würden im biologischen Material Spuren von physiologischen Reaktionen hinterlassen. Weiter nichts. Alle seelischen Zustände hätten eine körperliche Ursache. Seele sei folglich ein Ausdrucksmedium, ein Echo des Körpers. Eine Schwingung. Soweit die Materialisten.

Und doch gibt es Menschen, die von der Existenz der Seele überzeugt sind und davon, dass diese nach dem Tod weiterlebt. Seit Menschengedenken glauben die Menschen an ein Weiterleben nach dem Tod. Ob Ahnenkult, Seelenwanderung, Wiederauferstehung, jüdische Prophetie, christlicher Himmel, christliche Hölle, es wird immer über eine Unsterblichkeit der Seele spekuliert. Philosophen, Theologen, auch Naturwissenschaftler kommen nicht los von dem Gedanken. Er hat ja auch etwas Faszinierendes. Immer leibt und lebt es.

Wäre schon tröstlich, wenn nach »dem Tod der sterblichen Überreste« eines lieben Menschen noch etwas bliebe von ihm, was unsterblich wäre und damit fortdauern würde bis in alle Ewigkeit. Wäre schön.

Sicher ist: Unsterblich ist jeder in jedem Moment seiner Gegenwart. So sehe ich das. Die Unsterblichkeit ist in jedem bewusst erlebten Moment im Hier und Jetzt mehr oder weniger erlebbar und kann im Nachhinein immer als bewiesen angeführt werden. Die Unsterblichkeit ist also eine Frage der Perspektive. Wenn ich in jedem Augenblick meines Lebens unsterblich bin, kann ich davon ausgehen, unsterblich zu leben, solange ich lebe. Logisch. Nur hilft die Logik wirklich weiter? Wie war das mit Achill und der Schildkröte?

Ja wo ist es denn?

Bayerische Ministerpräsidenten sind der festen Überzeugung, dass die Bewohner des Freistaates Bayern im Paradies leben. Ich neige generell nicht dazu, einem bayerischen Ministerpräsidenten recht zu geben, aber in diesem Punkt fällt es mir schwer, ihm nicht zu glauben. Nie habe ich gehört, dass der Ministerpräsident eines anderen Bundeslandes für die Zustände in seinem Regierungsbereich das Paradies bemüht hätte. Und wer einmal in Nordrhein-Westfalen unterwegs war, wird mir zustimmen. NRW mag die »Herzkammer der SPD« sein, aber niemand kommt auf die Idee, das Paradies damit in Verbindung zu bringen. Sozialdemokraten entwickeln natürlich grundsätzlich andere Vorstellungen vom Paradies als eher konservative Geister. Das hängt mit ihrer geistigen Abstammung zusammen. Sozis wurzeln gedanklich in der Nähe der Utopisten. Sie haben »ihren Marx« gelesen, haben »die blauen Bände« der Marx-Engels-Gesamtausgabe im Bücherregal stehen, berufen sich auf die Sozialisten Ferdinand Lassalle und August Bebel und stehen in der Tradition der marxistischen Gesellschaftsanalyse, an deren Ende zwangsläufig das Paradies der klassenlosen Gesellschaft entsteht. Konservative Utopisten glauben im Gegensatz dazu an das »Ende der Geschichte« und die heilsamen Segnungen der kapitalistischen Wirtschaftsweise für alle. Sie erblicken das Paradies in offenen Märkten, die den Wohlstand aller, die genügend Geld haben, fördern. Sie nehmen den biblischen Auftrag »macht euch die Erde untertan« ernst und holen aus ihr raus, was rauszuholen ist. Wenn irgendwann alle Rohstoffe »gewonnen« sind, ist das Ende dieser Welt gekommen, und es beginnt die große Übersiedlung ins Jenseits, wie sie uns in der Offenbarung des Johannes, der Apokalypse, prophezeit ist.

Wo aber liegt denn nun dieses sagenumwobene Paradies? Ehrlich gesagt, es weiß keiner so ganz genau. Die Angaben bezüglich der geografischen Lage sind ein bisschen vage. Die einen sagen, es sei bei einem Erdbeben untergegangen, im Meer versunken, wo genau diese Versunkenheit stattfand, ist nicht mehr zu eruieren.

Andere sagen: Im Osten! Oder, nach Osten hin! Mehr steht da nicht. Das ist die Formulierung, die in den heiligen Schriften die grobe Richtung angibt. Vielleicht wussten es die Autoren des Alten Testaments selbst nicht genau und waren auf Vermutungen angewiesen? Oder aber sie wussten genau, wo es lag, wollten es aber nicht verraten. Das Paradies war ein Geheimtipp! Im Buch Genesis lese ich dazu: »Er« – also der Herr – »vertrieb den Menschen und stellte östlich des Gartens die Cherubim auf und das lodernde Flammenschwert, damit sie den Weg zum Baum des Lebens bewachten.« Dieser Weg nach Westen war also durch Grenzposten versperrt. Demnach liegt das Paradies im Osten, dort aber eher westlich. Wieder andere sind davon überzeugt, dass das Paradies vor ein paar Tausend Jahren im heutigen Irak zwischen Euphrat und Tigris zu finden war. Wer heute dort auf die Suche nach dem Baum der Erkenntnis von Gut und Böse geht, wird vielleicht Bäume finden, aber dieser wird mit Sicherheit nicht dabei sein.

Dort, wo die Sonne aufgeht, könnte sich auch das Paradies befinden. Freilich, wo sonst? Bei Sonnenaufgängen sind wir alle irgendwie zu maximal positiven Annahmen bereit. Ein anbrechender Tag im strahlenden Sonnenlicht gibt oft den Anlass zu höchsten Erwartungen. Die aufgehende Sonne gehört zwingend zu einer Paradiesvorstellung. Deshalb diese östliche Paradieslage.

Oder lag da nur der Garten Eden? Wenn ja, wie weit ist es von da noch bis ins Paradies? Ich habe das Gefühl, dass es gar nicht so weit weg ist. Das Paradies befindet sich oft in unmittelbarer Nähe. Wir nehmen es nur nicht immer wahr. Mitten in einem heftigen Streit zieht es sich wie ein schwarzes Loch, in dem sich die Energie zu einer ungeheuren Glücksmasse verdichtet, zusammen und breitet sich als Sehnsucht nach Liebe aus. Manchmal kommt zwischen zwei Menschen eine Stimmung auf, die man nur paradiesisch nennen kann. Wenn alles stimmt, kein Widerspruch die Harmonie stört, wenn das Sein rein ist, dann werden wir sprachlos und drücken uns seltsam aus, »die Zeit steht still«, und die Zeit spielt dann für einige Momente tatsächlich keine Rolle. Im Paradies sein bedeutet kein Bewusstsein haben für das Paradies.

Ganz allgemein gesprochen, handelt es sich beim Paradies um einen idealen Ort, an dem kein Mangel herrscht. Wunsch und Wirklichkeit bilden eine Einheit.

Fragen wir jetzt also mal eine theologische Kapazität von höchstem Rang. Was sagt unser ehemaliger Papst Benedikt dazu? Joseph Ratzinger müsste sich eigentlich in diesen Fragen auskennen. Freilich! Er ist ausgewiesener Experte für göttliche Wahrheiten. Und in seinen eschatologischen Schriften (»Eschatologie, Tod und ewiges Leben«, »Skandalöser Realismus«) verkündet er auch ganz klar, wo sich der Himmel befindet. »Himmel ist nicht räumlich, sondern ›essenziell‹ oben.« – Gut, der Himmel ist oben, aber nicht räumlich oben, sondern »essenziell« oben. Ehrlich gesagt fühle ich mich grade essenziell überfordert. Aber ich meine das nicht räumlich, sondern mehr sprachlich beziehungsweise vermutlich. Mehr oder weniger!

Ratzinger führt weiter aus, dass der Himmel weder außerhalb noch innerhalb unseres Raumgefüges bestimmt werden kann. Das ist sehr tröstlich. Aber wo dann? Auch mit dieser Orientierungslosigkeit lässt uns der Papst in Pension nicht allein. Mit dem Himmel sei »jene Weltmächtigkeit« gemeint, ruft uns der Ratzinger zu, »die dem neuen Raum des Leibes Christi, der communio der Heiligen, zukommt«. Du lieber Himmel! Der neue Raum des Leibes Christi! Was könnte er damit meinen? Tut mir leid, ich versteh es nicht! Lieber Gott, gib mir den Verstand, um den Ratzinger zu verstehen!

Andererseits, denke ich, der liebe Gott wird schon wissen, warum er mir den Verstand nicht gegeben hat, um den Ratzinger zu verstehen. Die Frage ist nur, warum lässt er ihn in seinem Namen solche Sachen sagen: »Der Himmel ist nicht ein Ort über den Sternen, er ist etwas viel Kühneres und Größeres: Das Platzhaben des Menschen in Gott, das in der Durchdringung von Menschheit und Gottheit im gekreuzigten und erhöhten Menschen Jesus seinen Grund hat. Christus, der Mensch, der in Gott ist, ewig eins mit Gott, ist zugleich das immerwährende Offenstehen Gottes für den Menschen. Er selbst ist so das, was wir Himmel heißen, denn der Himmel ist kein Raum, sondern eine Person, die Person dessen, in dem Gott und Mensch für immer trennungslos sind. Und wir gehen in dem Maß auf den Himmel zu, ja in den Himmel ein, indem wir zugehen auf Jesus Christus und eintreten in ihn. Insofern kann ›Himmelfahrt‹ ein Vorgang mitten in unserem Alltag sein.«

Ratzinger meint, wir erfahren den Himmel, wenn wir in Jesus Christus eintreten. Ist es nicht eher umgekehrt? Tritt nicht er in uns ein, wenn wir ihn zu uns nehmen? Wohnt er nicht in uns? Wohnen wir in ihm? Jedenfalls wird viel gewohnt. Es wird ein Wohnen sein. Das ist tröstlich.

Bei Lukas 17,18 heißt es: »Wahrlich, wahrlich, ich sage euch, wer nicht das Reich Gottes annimmt wie ein Kind, der wird nicht hineinkommen.«

Wenn dem so ist, und daran zweifele ich nicht, dann hat sich der Ratzinger schon selbst ausgesperrt. Ich sollte mich damit zufriedengeben, ihn nicht zu verstehen, denn damit erhöhen sich meine Chancen auf eine Zugangsberechtigung ins Paradies erheblich. Schließlich sind selig die Armen im Geiste, denn ihrer ist das Himmelreich. Damit wäre zumindest schon geklärt, wer in den Himmel darf.

Bewegte Unbeweglichkeit

In einem Punkt muss ich dem Ratzinger beipflichten. Der Himmel kann eine Alltagserfahrung sein. Die tröstende Botschaft, die der Weißenburger Platz in München-Haidhausen für jeden, der ihn besucht, bereithält, lautet: Immer mit der Ruhe! Halt an, und nimm Platz! Ich bin eine Uhr ohne Zeiger und Zifferblatt. Ein Kreisel im Zeitstrom. Und tatsächlich, im Inneren des Platzes herrscht Ruhe. Na ja, nicht ganz, der Brunnen plätschert. Aber was ist das anderes als Ruhe?

Wenn die Redewendung von der »Zeit, die über alles hinweggeht«, einen Sinn hat, dann trifft das auf den Weißenburger Platz in ganz besonderer Weise zu. Über ihn ist schon sehr viel hinweggegangen. Krieg und Frieden, Dramen, Tragödien, Komödien, Schicksale. – Der Platz nimmt alles hin und gibt ihm einen runden Rahmen. Er ist Bühne im Dienst des Schicksals. Aber auch das unaufgeregte, wunderbar langweilige Leben, ohne große Höhen und Tiefen, spielte und spielt sich auf ihm ab. Kommt beispielsweise einer schweren Schrittes aus der Deutschen Bank, um sich schräg gegenüber in der Apotheke mit Psychopharmaka zu versorgen, hat er ein Problem, das nicht unbedingt mit seinem Kontostand zusammenhängen muss. Es kann auch mit Ärzten und Psychotherapeuten zu tun haben, die über der Bank ihre Praxen betreiben.

Dem Weißenburger Platz ist das alles wurscht. Er wirkt unbeteiligt und zurückhaltend und ist immer offen für alle Menschen, die ihn bevölkern. Man kann ihn ohne Vorbehalte betreten. Er nimmt die Schwere aus dem Weltgeschehen. Er drängt sich nicht auf. Man kann sich auf ihm aufhalten, er reponiert jede Stimmung, die man ihm anbietet. Belastet man ihn mit schweren Gedanken, erträgt er sie mit derselben Gleichmütigkeit, wie er auf fröhliche Gemütsregungen reagiert. Er hört aufmerksam zu, und der Brunnen kommentiert das Geschehen mit einem Überfließen. Manchmal wirkt das Geplätscher wie ein ironisches Echo. Ein Aha und Soso! Ein »Da schau her«. Man kann den Platz auch gedankenlos durcheilen, es ist ihm alles egal, denn für ihn ist alles gleich gültig.

Wer dieses Ensemble betrachtet, kann kaum glauben, dass Haidhausen einst als Glasscherbenviertel verschrien war, in dem sich zwielichtige Gestalten herumgetrieben haben. Doch Geschichtskundige wissen, dass München für das Zwielichtige einmal ein gutes Pflaster war. Darum verliehen ihm die Nationalsozialisten den Beinamen »Hauptstadt der Bewegung«. Der berüchtigte Bürgerbräukeller, in dem Georg Elser einen leider wenig erfolgreichen Anschlag auf Hitler verübte, befindet sich nicht weit vom Weißenburger Platz. Im Krieg wurde er übel zusammengebombt. »Alte Haidhauser«, die in den Luftschutzkellern die Angriffe miterleben mussten, erzählen von »angstvoll durchlittenen« Bombennächten. »Ein Volltreffer am anderen!« Von der Altmünchner Gemütlichkeit mit Jugendstilgebäuden rund um den Platz ist nicht mehr viel übrig. Den in seiner ursprünglichen Form erhaltenen Platz säumen heute mehr oder weniger gelungene Fünfzigerjahre-Bauten.

Dennoch ist der Weißenburger Platz für mich einer der schönsten in ganz München. Ich erlebe ihn mit seiner Grünanlage als kleines Paradies. Wenn im Frühsommer die Linden blühen und den ganzen Platz in ihren Duft einhüllen, kann ich – oft in großer Eile – nur stehen bleiben und tief einatmen. So viel Zeit muss auch im größten Zeitdruck noch sein.

Kraftspender und Herzstück des Platzes ist ganz ohne Zweifel der sich im Zentrum befindliche dreistufige Schalenbrunnen. Der stand nicht immer da, wo er nicht mehr wegzudenken ist. Der Brunnen wurde ursprünglich für den Glaspalast auf dem Gelände des Alten Botanischen Gartens erdacht und gebaut. Dort empfing er als »Glaspalastbrunnen« die Besucher. Bis 1875 floss er gemäß seiner Bestimmung von Schalenstufe zu Schalenstufe über und über. Danach baute man ihn ab, um ihn auf dem Orleansplatz vor dem Ostbahnhof wiederaufzubauen, wo Münchner Trambahnen um das Geplätscher herumfuhren. Als der Ostbahnhof erweitert wurde, versetzte man den Glaspalastbrunnen 1974 erneut – mitten auf den Weißenburger Platz, wo er vermutlich von Anfang an gefehlt hatte. Platz und Brunnen haben zueinandergefunden.

Der Brunnen steht für bewegte Unbeweglichkeit oder auch für unbewegliche Bewegtheit. Stillstand und Bewegung in einem. Die Kreisform der Schalen wiederholt sich mehrfach in konzentrischen Kreisen auf dem Platz. Der Kreis als unendliche Linie, die sich permanent repetiert. Das Runde als Symbol der ewigen Wiederkehr tröstet die Besucher des Platzes.

Die Münchner Stadtgärtner bepflanzen die Beete im Inneren des ersten Kreises, wo die Gelassenheit am größten ist nächst dem Brunnen, und im äußeren Kreis mehrmals jährlich mit Blumen, die ihre jahreszeitliche Pracht entfalten. Im Frühjahr erfreuen uns Hyazinthen, Tulpen, Osterglocken und Krokusse. Im Sommer Sonnenblumen, Gladiolen, Mohn und Rosen. Im Herbst ziehen Astern und Tagetes unsere Aufmerksamkeit auf sich.

Ende Oktober stellt der Brunnen seine überfließende Wasserbewegung ein. Nichts fließt mehr. Im November wird der Brunnen winterfest gemacht. Holzverschalt erwartet er die Kälte. Bretterböden werden im Rund ausgelegt, leichte Fundamente für die Buden des Haidhauser Weihnachtsmarktes. Der Weißenburger Platz wehrt sich nicht gegen die geschäftige Süße des Christkindlmarktes. Er lässt uns wie immer kreisen. Wir ziehen an den Buden vorbei und drehen unsere Runden. Der Brunnen schweigt, bis im Frühjahr sein Plätschern wieder frisches Leben auf den Platz bringt.

Die Lergen und ich

»Die Erinnerung ist das einzige Paradies, aus dem wir nicht vertrieben werden können«, schreibt Jean Paul in der »Unsichtbaren Loge«.

Das, was man erlebt, ist immer etwas anderes als die Erinnerung daran, die man in Worte fasst. Die Bildbeschreibung ist nie das Bild. Da es sich bei Erinnerungen um innere Bilder handelt, können die Worte nur Bilder hervorrufen, die sich Leser anhand der Beschreibungen von diesen Bildern machen. Sie haben nichts mit dem tatsächlichen Geschehen zu tun.

In seinen Erinnerungen ist jeder für sich. Insofern hat Jean Paul recht, dass wir daraus nicht vertrieben werden können. Es kann aber auch niemand von außen eindringen. Für Außenstehende ist dieses Paradies prinzipiell unerreichbar. Worte können nur Hinweise sein.

Mein Paradies ist lange schon vergangen, doch es existiert noch. Es liegt tief in meiner Kindheit verborgen. Im Wesentlichen befindet es sich »hinten am Inn« und im »Geyerhof«, wie man das Karree, in dem ich meine ersten Lebensjahre verbrachte, nach dem Lebensmittelgroßhändler Geyer nannte, der dort seine Lagerhallen hatte. Es gibt

Fotos, auf denen ich mit dem breitkrempigen Hut meines Vaters auf dem Kopf am Randstein vor unserem Hauseingang sitze und in die Welt schaue. Über viele Jahre dominierten die an- und abfahrenden Lastwagen vom Geyer das Geschehen im Hof. Direkt gegenüber der sich lang über die gesamte Seite des Hofes hinstreckenden Hallen stand ein Wohnhaus, in dem kinderreiche Familien in beengten Verhältnissen zusammenlebten. Klo und Bad am Gang.

Alle Gebäude gehörten ursprünglich zum Bestand der Maierhofkaserne. Im Volksmund hieß sie verkürzt der »Maierhof«. Nach dem Zweiten Weltkrieg, »nach dem Zusammenbruch«, wie man sagte, lag das gesamte Areal in der Verwaltung des Bundes, der Bundesvermögensverwaltung, von der die Bewohner des Viertels nur mit Respekt sprachen, denn die Beamten dieser Behörde wiesen ihnen die Quartiere zu, nachdem sie aus den »verlorenen Ostgebieten des Deutschen Reiches« geflohen und endlich in Niederbayern im amerikanischen Westen angekommen waren. Sudetendeutsche, Schlesier, Ostpreußen, Vertriebene, Männer in Rollstühlen, Kriegsversehrte, Invaliden mit Holzprothesen bestimmten das alltägliche Bild.

In einem Querbau an der Stirnseite des Areals, im Bereich der ehemaligen Stallungen der Kavallerie, hatten meine Eltern 1950 ihre Metzgerei eingerichtet. Die Räume waren aus heutiger Sicht alles andere als geeignet, um einen Metzgereibetrieb zu gründen. Der Laden befand sich im Parterre. Man musste durch den Hausflur nach hinten durchgehen, um das Geschäft zu erreichen. Die Fenster gingen nach hinten raus und gaben den Blick auf den braunen Holzbau einer Reithalle mit davorliegender Koppel frei, in der Reitschüler an der Longe im Kreis ritten. Die seltsame Körperhaltung, die sie dabei einnahmen, dieses Auf und Ab im Sattel, um die Gangart des Pferdes auszugleichen, fand ich sehr komisch und reizte mich immer zum Lachen. Oft stand ich am Gatter und beobachtete das abgehobene Getue.

In einer Ecke des Gebäudes hatte der Hausmeister und Schmied Josef Simonis seine Werkstatt untergebracht. Er beschlug im Hof die Pferde aus dem nahe gelegenen Stall des Passauer Reitervereins. Noch heute sehe ich ihn vor mir mit brennender Zigarette im Mundwinkel, wie er an der Esse das Eisen zum Glühen bringt, es auf den Amboss legt und mit einem Riesenhammer in die gewünschte Form klopft. Am Ende dieser Arbeit nahm er das Hufeisen mit einer langen Zange vom Amboss und hielt es in eiskaltes Wasser, das sofort zischte und dampfte.

Die Anlage des Reitklubs lag zwischen dem aus schwarzem Sand bestehenden Hartplatz des FC Passau und dem durch halbhohe Fichten und Thujen begrenzten Russenfriedhof, auf dem sich ungepflegte Gräber befanden. In meiner Erinnerung waren Grabstellen nicht zu erkennen. Der lehmige Boden war mehr oder weniger eben. Als Kinder nutzten wir das Terrain frei von jeglicher Pietät als Abenteuerspielplatz. Wir spielten dort Fangen, Räuber und Gendarm und sogar Fußball. Nie machte uns jemand darauf aufmerksam, dass wir eine Friedhofsruhe störten, weil dort unter der Erde die Überreste russischer Kriegsgefangener ruhten, die während des Krieges in verschiedenen örtlichen Betrieben zur Arbeit gezwungen worden waren. Als die Amerikaner näher gerückt waren, waren die Russen in den letzten Kriegstagen von der SS erschossen und auf dem Gelände an Ort und Stelle sofort ohne jegliche Zeremonie vergraben worden.

Irgendwann hörten wir, dass die Toten umgebettet werden sollten. Einer von uns hatte das irgendwo bei irgendwem aufgeschnappt. Als es soweit war, schlichen wir uns an, lagen gut getarnt unter den Fichten und hofften, Totenköpfe und Skelette zu Gesicht zu bekommen. Das Wetter passte auch, es nieselte. Doch nichts war's. Die Aktion war eine totale Pleite. Ein kleiner Bagger hob die Gräber aus, Männer mit Schaufeln standen herum und sammelten die sterblichen Überreste ein, um sie in Zinkwannen zu legen. Und falls tatsächlich Gebeine zum Vorschein kamen, war uns durch Fahrzeuge und Personen der Blick verstellt, sodass wir nichts irgendwie Gruseliges beobachten konnten. Wir hatten gehofft, eine Geisterstunde der besonderen Art erleben zu können, stattdessen wohnten wir einer Exhumierung bei, die langweiliger nicht hätte sein können. Enttäuscht zogen wir uns zurück.

Die Familien waren kinderreich. Manche hatten neun Kinder, sieben, weniger als drei waren eher selten. Die Prauses hatten drei Buben. Der älteste, der Hans, war einer der Wildesten und Mutigsten in unserer Schar, die bandenähnliche Strukturen aufwies. Heute würde man von einer Gang sprechen. Wir hielten uns gern auf der Straße auf, wir waren mehr draußen als drinnen, wir waren unterwegs. Um keinen falschen Eindruck entstehen zu lassen, kriminell waren wir nicht. Wir klauten Birnen und Äpfel, auch Nüsse, wir stibitzten ein bisschen, dies und das. Kleinigkeiten. Freche Lauser waren wir, Lausbuben und Lergen! Der schlesische Prause-Vater nannte seine Jungs »Lergen«. »Wo bleibt denn der Klaus-Dieter, die Lerge?« Das klang nicht nur abwertend. Es kam auf den Ton an. War ein Vorwurf damit verbunden, konnte Klaus-Dieter mit einer Backpfeife rechnen. War von der »kleinen Lerge« die Rede, die in einem Kinderwagen lag und krakeelte, war das liebevoll gemeint und verwies auf das Potenzial, das in dem kleinen Menschenbündel steckte. Dann hieß Lerge »du wirst dich schon zu einem ordentlichen Menschen entwickeln. Wenn nicht, bleibst du ein Leben lang eine Lerge.«

Sprachlich war in meiner Kindheit durch die vielen Flüchtlinge einiges an Dialekten und Ausdrücken im An-

gebot. Schlesier, Sudetendeutsche und Ostpreußen berei-
chern heute noch mit ihren verschiedenen Idiomen meinen Wortschatz. Denke ich an Sandkastenszenen in meiner
Kindheit, höre ich solche dialektalen Eigenheiten.

Die Prauses waren sprachlich väterlicherseits schlesisch
geprägt und mütterlicherseits ostpreußisch. Ich selbst hatte
auch einen Vater aus Ostpreußen, und muttersprachlich
wurde ich niederbayerisch versorgt. Der Prause Hans hatte
eines Tages, es muss Ende November Anfang der Sech-
zigerjahre gewesen sein, die Idee, zum Inn runterzugehen,
um zu schauen, ob das Eis schon trug. Ich war damals
höchstens zehn, der Hans drei Jahre älter als ich, weshalb er
aufgrund seines reifen Alters Führungsaufgaben in unserer
Kinderbande übernommen hatte. Uns allen war aus ver-
ständlichen Gründen streng verboten, zum Inn runterzugehen. Es kam immer wieder vor, dass Kinder in einem der
Passauer Flüsse ertranken. Also wurde uns immer wieder
eingetrichtert, ja nicht zum Wasser runterzugehen. Und
wir versprachen, uns daran zu halten. Der Vorschlag, die
Tragfähigkeit des Eises zu überprüfen, wurde trotz des elterlichen Verbots sofort begeistert und einstimmig angenommen. Der Hans ging voraus, und wir folgten ihm. Außer
mir waren dabei sein Bruder, der Dieter, der Klaus-Dieter
Lassak und sein Bruder Karl-Heinz – zwei besondere Lergen – und der Reno Nowak, auch einer, der für jeden
Streich zu begeistern war.

Wir marschierten lässig zum Geyerhof hinaus, schnur-
stracks zum Krankenhauskanal, der weit bis fast in die
Flussmitte hinausreichte. Dort gab es am Ufer einen Pfad
runter zum Wasser. Wir kannten aus Erfahrung die verschiedenen Wasserstände und die sich daraus ergebenden
Gefahrenzonen. In den Wintermonaten führte der Inn
wenig Wasser. Der Fluss strudelt bei Niedrigwasser tiefgrün
fast gemächlich wie ein breiter Gebirgsbach dahin. Er gibt

sich harmlos, was eine hinterhältige Täuschung ist. Der Inn ist und bleibt ein gefährliches Gewässer. Wir wussten das. Unsere Felsen lagen frei. Zum Ufer hin blieben immer sommers wie winters einige Wasserlöcher stehen, die schneller zufroren als der fließende Teil des Flusses draußen. Wir wussten aus der Sommerzeit, wie tief diese Tümpel waren, wir konnten abschätzen, wie weit uns das Wasser reichen würde, falls wir einbrechen sollten. Wir standen an einer der zugefrorenen Flächen und überlegten, ob wir es wagen sollten. Wir hatten Zimmererhaken dabei, die wir kurzerhand von irgendeiner Baustelle mitgenommen hatten und mit denen wir nun aufs Eis gingen.

Der Hans probierte es als Erster. Vorsichtig setzte er kleine Schritte auf die zugefrorene Fläche und schob sich mit Trippelschritten vorwärts. Es knackte. Er drehte sich fröhlich lachend zu uns um und meinte: »Es trägt.« Es knackte lauter, es riss das Eis, und da war der Hans bis zur Hüfte ins eiskalte Wasser eingebrochen. Wir bekamen alle einen Riesenschreck. Der Hans machte sich auf den Weg ans Ufer, indem er den Zimmererhaken ins Eis reinhaute, sich rauszog – und gleich noch mal einbrach. Jemand sagte halblaut: »Es trägt nicht.« Das könnte ich gewesen sein. Der Hans hatte aber dann doch schnell wieder festen Boden unter den Füßen, fror jedoch entsetzlich.

Pitschnass machten wir uns auf den Heimweg. Der Hans wurde daheim schon erwartet. Als er sagte, er sei in eine Pfütze gefallen, verabreichte ihm sein Vater eine kräftige Watschn. Ich erzählte meinen Eltern von dem aufregenden Erlebnis und bekam auch eine. »Damit du dir merkst, dass du nicht zum Inn runtergehen sollst.«

Im Paradies meiner Kindheit war das nicht die letzte Watschn, die ich mir eingefangen hab. Trotzdem war es schön.

Die einen sagen so, die anderen so

Woody Allen hat auf die Frage, ob es das Paradies wirklich gebe, geantwortet: Natürlich gibt es eine jenseitige Welt. Die Frage ist nur, wie weit sie von der Innenstadt entfernt ist und wie lange sie geöffnet hat. Woody Allen ist Komiker, und deshalb hilft er sich und uns mit einem Gag aus der Not, damit er nicht eingestehen muss, dass er keine Ahnung hat.

Vielleicht ist die komödiantische Näherung die einzig wahre, um sich mit diesem Thema zu befassen? Eine besondere Art des Humors steckt im jüdischen Witz. Die besten sind frech und weise und richten sich gegen Gott und Gläubige gleichermaßen. Ohne Ironie und – noch wichtiger – ohne Selbstironie sind sie undenkbar. Denn Gott selbst ist immer zu einem guten Witz bereit.

»Oh Herr«, fragt ein frommer Jude, »ist es wahr, dass für Dich tausend Jahre wie eine Minute sind?« – Gott antwortet mit ja. »Und ist es wahr, dass für Dich tausend Goldstücke wie ein Pfennig sind?« – Wieder bejaht Gott. Der Jude: »Ich bin ein armer Mensch, o König der Könige, bitte schenke mir einen Pfennig.« – Gott: »Selbstverständlich, gedulde dich eine Minute.« (Nacherzählt nach Josef Joffe,

»Mach dich nicht so klein, du bist nicht so groß«, Siedler Verlag 2015.)

Mein Eindruck ist, dass Juden ihren Glauben nur mit Humor überzeugend leben können. Das mag unter anderem daran liegen, dass sie eine Unmenge an Ge- und Verboten befolgen müssen und deshalb mit Humor das Diesseits ertragen, vielleicht in der Hoffnung, im Jenseits ohne ein einziges Gebot auszukommen.

Juden fällt es selbstverständlich nicht schwer, sich an die Gebote zu halten, wenn sie wirklich gläubig sind. Und wenn sie doch einmal Schwierigkeiten mit dem Einhalten ihrer Gebote haben sollten, zeigen sie Reue und geloben Besserung. Dafür haben sie einen besonderen Tag, Jom Kippur. Dazu eine kurze Geschichte: Zwei zerstrittene Juden reichen sich an Jom Kippur die Hände zur Versöhnung. Sagt der eine: »Ich wünsche dir, was du mir wünschst.« Sagt der andere: »Fängst du schon wieder an.«

Ich bin kein Experte, was die jüdischen Glaubensformen angeht, ich habe aber öfter von Juden gehört, dass sie nicht sehr jenseitsorientiert sind. Juden lieben das Leben in der Gegenwart. Ihr Trinkspruch lautet: *L'chaim.* Aufs Leben!

Ich habe mit einigen Kennern des Judentums gesprochen, darunter waren auch Rabbiner, die mir bereitwillig Auskunft erteilten. Und es ergab sich kein einheitliches Bild. »Das ist normal für das Judentum«, sagte ein orthodoxer Jude zu mir. »Es gibt immer einen, der das Gegenteil behauptet.« So viel immerhin weiß ich jetzt: Das jüdische Jenseits heißt Olam Haba. Damit wird »eine kommende Welt« bezeichnet. Was in dieser kommenden Welt genau passiert, wird man sehen. Wie überhaupt – bitte, das ist meine Erfahrung – gläubige Juden oft mit einer großen Gelassenheit gesegnet sind. Man wird sehen!

Im Buch Daniel (12,2) lese ich: »Und viele, so unter der Erde schlafen liegen, werden aufwachen: etliche zum ewigen Leben, etliche zu ewiger Schmach und Schande!« Hoffen wir, dass der Prophet Daniel sich verhört hat, als ihm Jahwe diese Prognose zukommen ließ. Das Positive bei dieser Weissagung ist, dass etliche aufwachen werden. Man wäre verständlicherweise lieber bei denen, die zum ewigen Leben aufwachen. Zu ewiger Schmach und Schande eher nicht, wenn ich mir auch vorstellen kann, dass sich unter jenen einige historische Gestalten befinden könnten, denen wir lieber nicht mehr begegnen wollen. Ich denke an Figuren wie Hitler, Stalin, Mao, Pol Pot und andere Grausamkeitsmonster. Die Vorstellung, dass diese Horrorgestalten auch im Jenseits ihr Unwesen treiben, ist schrecklich.

Bei diesen Aussichten kann ich verstehen, dass sich Juden lieber um das Leben im Diesseits sorgen als um das ewige Leben in der kommenden Welt. Wer weiß, vielleicht haben sie aufgrund ihrer guten Beziehungen zum Herrn doch ein Wissen, das den anderen Religionen nicht zugänglich ist. Das erinnert mich an einen anderen Witz, natürlich wieder ein jüdischer! Gibt es noch andere?

Also, der Oberrabbiner von Jerusalem hält sich in Rom auf und besucht den Papst im Vatikan. Päpstliche Audienz. Als er vorgelassen wird, klingelt das weiße Telefon auf dem Schreibtisch des Papstes. Er hebt ab. Der liebe Gott persönlich spricht mit ihm. Schließlich ist der Papst mit seinen Ausführungen fertig und will einhängen, da bittet ihn der Oberrabbiner, ihm den Hörer zu geben, weil er den Allmächtigen auch mal sprechen möchte. Die beiden unterhalten sich angeregt. Das dauert. Der Oberrabbiner erzählt einen Witz nach dem anderen. Endlich, nach einer halben Stunde, hängt er ein. »Was bin ich schuldig?«, fragt der Oberrabbiner. »Ferngespräch«, murmelt der Papst nachdenklich. »Das wird nicht billig. Sagen wir, 2000 Euro.«

Gegenbesuch in Jerusalem. Identische Situation. Der Oberrabbiner telefoniert mit dem Allmächtigen. Es dauert, weil ein Witz nach dem anderen erzählt wird. Sie schütten sich aus vor Lachen. Dann fragt der Papst, ob er auch einmal kurz mit dem Herrn sprechen könnte. Warum nicht, der Oberrabbiner reicht ihm den Hörer. Ein ernstes Gespräch! Belegte Stimme! Thema: Fegefeuer-Problematik etc. Endlich hat der Papst alles gesagt. Er beendet mit einem »Gelobt sei Jesus Christus« das Gespräch. Dann fragt der Papst, was er für das Telefonat schuldig ist. Der Oberrabbiner lacht. »Nichts! Ortsgespräch!«

Die Juden haben ältere Zugänge, sie sind schon wesentlich länger mit dem Allmächtigen vertraut als die Neutestamentler. Seit mehreren Tausend Jahren warten sie auf den Messias und sind ziemlich sicher, dass er kommen wird, weil er ihnen verheißen ist in den heiligen Schriften. Er wird kommen aus dem Hause David. Nur bisher ist er noch nicht da. Er scheint sich noch im Haus zu befinden. Oder er hat sich schon auf den Weg gemacht und ist aufgehalten worden.

Wenn er mit der Deutschen Bahn unterwegs ist, kann es noch dauern. Auch deshalb, weil die Deutsche Bahn keine Zugverbindung ins Heilige Land anbieten kann. Vielleicht ist das auch gut so. Mit deutschen Zügen haben die Juden keine guten Erfahrungen gemacht. Komisch wäre es schon, wenn der Messias mit einem deutschen Güterzug in Jerusalem am Ölberg ankäme. Und ich persönlich traue ihm diesen Humor auch zu. Ich kann aber verstehen, dass man diese messianische Ironie vermeiden möchte. Dennoch werden sich die Juden die Wartezeit mit Geschichten wie dieser vertreiben:

Die Gattin kommt außer Atem ins Zimmer gestürzt: »Der Messias ist auf dem Weg in die Stadt!« Der Mann stöhnt auf: »Das hat uns gerade noch gefehlt. Das Geschäft wirft inzwischen Gewinn ab. Wir haben uns mit dem Geld ein neues Haus gebaut. Und nun sollen wir alles liegen und stehen lassen, um dem Messias zu folgen?« Die Gemahlin, die sich wieder gefasst hat: »Reg dich nicht auf. Du weißt doch, wie viel unser Volk schon durchgemacht hat. Mit Gottes Hilfe werden wir auch den Messias überstehen.« (Gefunden bei Josef Joffe – siehe oben.)

Das Buch vom Paradies

Die jüdische Auffassung vom Jenseits unterscheidet sich wesentlich von anderen Vorstellungen. Ich habe »Das Buch vom Paradies« gelesen und erhellende Einsichten gewonnen. Geschrieben wurde es von Itzik Manger. Der Autor beantwortet alle relevanten Fragen zum Paradies und gewährt tiefe Einblicke. Danach ist man wirklich klüger.

Im »Buch vom Paradies« steht die volle Wahrheit. Zumindest habe ich die Geschichte, die der Itzik Manger darin erzählt, als zutiefst wahr empfunden. Bevor wir geboren werden, leben wir im Paradies. Selbstverständlich im jüdischen. Ich weise vorsichtshalber noch einmal darauf hin, um Missverständnisse zu vermeiden. Ob Katholiken, Protestanten, Muslime und andere religiöse Menschen sich vor ihrer Geburt im Paradies aufhalten, kann ich nicht beschwören. Zu wünschen wäre es ihnen, denn das Leben dort ist herrlich.

Wenn es stimmt, was der Itzik Manger berichtet, und warum sollte es nicht stimmen, der Mann war Schriftsteller und als solcher der Wahrheit verpflichtet, so leben wir alle vor unserer Geburt im Paradies. Ich weiß, ich wiederhole mich, aber der Gedanke ist so beruhigend, dass ich ihn gern zweimal hinschreibe. Man lebt dort wie im Traum. Die Patriarchen leben im Patriarchenviertel, wo sie alle eine Villa bewohnen, eine schöner als die andere. Beste Lage selbstverständlich! Die Umgebung ist ruhig und beschaulich. Die Vögel pfeifen, saftige Wiesen, fruchtbare Felder, erholsame Wälder, Gottes Schöpfung, wie man sie sich schöner nicht vorstellen kann. Klare Bäche, saubere Flüsse mit einer Fischdichte, so was hast du noch nicht gesehen, Forellen, Lachse, Hechte, alles, was das Herz begehrt, die Fische betteln darum, dass man sie rausfischt, weil es ihnen zu eng ist im Wasser. Auch der Urfisch tummelt sich dort, der Leviathan ist, no, wen wundert es, munter wie ein Fisch. Unmengen von Paradiesvögeln fliegen durch die Lüfte und verbreiten eine paradiesische Stimmung, die Natur ist komplett paradiesisch, und insgesamt liegt eine enorme Fröhlichkeit in der Luft.

Nur der Messiasstier ist nicht ganz so fröhlich, weil er geschlachtet wird, wenn der Messias kommt, drum grast er dem äußeren Anschein nach friedlich, aber auch vorsichtig um sich blickend auf der Paradieswiese vor sich hin. Er achtet auf seine Linie, denn wenn er fett ist, das weiß er, ist das ein sicheres Zeichen dafür, dass der Gesalbte kommt.

Es herrscht eine einzigartige Warteatmosphäre, die typisch ist für diese Zeit vor der Ankunft des Maschiach. Das jüdische Paradies ist quasi ein riesiges idyllisches Wartezimmer, wenn der Vergleich erlaubt ist. Keiner weiß, *wann* er kommt. Großes Geheimnis! Man weiß nur, *dass* er kommt.

Der Itzik Manger schildert im »Buch vom Paradies« das paradiesische Treiben sehr anschaulich und verbindet das Geschehen mit dem Schicksal des kleinen Engels Schmuel Abe. Als der unter dem Paradiesbaum liegt und dem lieblichen Gesang der Kanarienvögel lauscht, die ihn alles um ihn herum vergessen lassen, weil sie so schön zwitschern, erfährt er von seinem Freund Pisserl, ja, so heißt der, dass er für eine Geburt vorgesehen ist. Schmuel Abe soll ein Mensch werden. Na, das ist eine Freude, die er am liebsten vermieden hätte. Er hat verständlicherweise keine Lust auf ein Erdenleben, logisch, er weiß, dass er sich nur verschlechtern kann, und überlegt zusammen mit Pisserl, wie er seine Geburt und die damit verbundene Vertreibung aus dem Paradies vermeiden könnte. Doch es ist aussichtslos! Seine Geburt ist beschlossen – dagegen ist nichts zu machen.

Er wird dem Geburtsengel Simon Bär übergeben. Ein unangenehmer Kerl, der dem Alkohol verfallen ist. Die meiste Zeit verbringt er in der Paradieskneipe, um sich zu betrinken. Deshalb ist es nichts Außergewöhnliches, dass Simon Bär die zur Geburt bestimmten Engel völlig besoffen an die Grenze des Paradieses begleitet, wo er ihnen pflichtgemäß einen Nasenstüber verpasst, der die Erinnerung an das Paradies löscht. So kommt es, dass sich die Menschen auf Erden nicht mehr an ihr Vorleben im Paradies erinnern.

Doch Schmuel Abe und sein Freund Pisserl legen Simon Bär herein. Sie formen aus Lehm für Schmuel Abe eine zweite, künstliche Nase, die sie auf seine natürliche auflegen, um dem unvermeidlichen Nasenstüber die Wirkung zu nehmen. Als Simon Bär mit dem Engel Schmuel Abe im Morgengrauen an der Paradiesgrenze die letzten Vorbereitungen für dessen Geburt trifft, legt Schmuel Abe in einem unbeobachteten Augenblick, Simon Bär schneidet ihm grad die Flügel ab, die Lehmnase über die seinige und bittet um einen nur leichten Nasenstüber. Tatsächlich fällt der Nasenstüber ziemlich sanft aus, sodass die Erinnerung ans Paradies voll erhalten bleibt.

Gleich nach der Geburt, die eine schwere ist, geschieht das Wunder, der kleine Schmuel Abe erblickt wider Willen das Licht der Welt, wird von einer liebenden Mutter empfangen und findet von Anfang an seine Sprache wieder. Er erzählt detailgenau seinen Eltern, einem Rabbi, einem Beisitzer und einem reichen Freund aus Wien die Geschichten vom Paradies, über die Rettung des Messiasstiers, den die Christen im Paradies nebenan entführt haben, über König David und seine Frauengeschichten und vieles mehr.

Ich habe das Buch aufmerksam gelesen. Und ob Sie es glauben oder nicht, es ist alles wahr, was dort steht.

Himmelfahrt

Eine Himmelfahrt? Das könnte Ihnen so passen! Ja, da wären viele nicht abgeneigt. Aber eine Himmelfahrt ist die absolute Ausnahme. Die leibliche Aufnahme in den Himmel wurde bisher nur einigen wenigen Auserwählten gewährt, und für die waren besondere Voraussetzungen gegeben. Es handelt sich dabei um extrem heilige Personen, die schon zu Lebzeiten einen gewissen Gnadenstatus erreicht hatten und deshalb das Privileg genossen, ohne zu sterben in das Himmelreich einzugehen. Der Tod blieb ihnen erspart, weil der Herr sie »entrückte«. So nennt man bis heute die leibliche Aufnahme in den Himmel.

Im Alten Testament wird berichtet, dass der Prophet Elija bei lebendigem Leib in den Himmel aufgefahren sei. Es ist eine schöne Geschichte.

Elija und sein Propheten-Nachfolger Elischa gehen nach Bet-El. Dort treffen die beiden auf die Prophetenjünger. »Sie kamen heraus zu Elischa und sagten zu ihm: Weißt du, dass der Herr deinen Meister heut über dein Haupt hinweg aufnehmen wird?« Dumme Frage, natürlich weiß er es. Schließlich ist er Prophet. Meister Elija sagt zu Elischa, dass er hier – in Bet-El – bleiben soll, denn der Herr hat ihm aufgetragen, nach Jericho zu gehen. Aber Elischa will ihn nicht verlassen. »So wahr der Herr lebt und so wahr du lebst, ich werde dich nicht verlassen.« So kommen sie nach Jericho. Im Buch der Könige ist diese Sensation, etwas anderes kann die »Entrückung« des Elija gar nicht gewesen sein, im biblischen Stil festgehalten. Es steht geschrieben in 2,1–18: »Und als sie miteinander gingen und redeten, siehe, da kam ein feuriger Wagen mit feurigen Pferden, die schieden die beiden voneinander. Und Elija fuhr im Wirbelsturm gen Himmel.« Sven Plöger würde heute vor solchen »Gefahren im Wetter morgen« warnen.

Elija wurde also von einer Windhose erfasst und auf diese Weise in den Himmel hinaufbefördert. Jetzt kann ich auch verstehen, warum ihn Elischa nicht allein gehen lassen wollte, er ahnte, dass ein Hurrikan im Anzug war. Die Wege des Herrn sind oft rätselhaft. Wollen wir hoffen, dass Elija gut angekommen ist im Himmel.

Zu leiblichen Aufnahmen in den Himmel kam es öfter zu jener Zeit. Das Alte Testament berichtet auch von Henoch, den der Herr ebenfalls direkt zu sich genommen hat. Vielleicht, weil er seine Weissagungen nicht mehr ertragen konnte. Propheten gelten als Kontaktleute Gottes, denen er per Offenbarung die Wahrheit zukommen lässt. Und Henoch hat möglicherweise die Wahrheiten nicht richtig wiedergegeben, weil er den Herrn entweder falsch verstanden hatte oder mit den Jahren vergesslich geworden war und die Botschaften des Herrn nur noch bruchstückhaft verkünden konnte. Auch möglich, dass er eigenwillig war und dem Herrn Aussagen unterstellte, die der so nie gesagt hatte. Wir wissen es nicht. Henoch war erst 365 Jahre alt, als ihn der Herr »wegnahm«. Er war also noch relativ jung. Zur Zeit Henochs erreichten die Leute locker 700 bis 900 Jahre. Solche Lebensalter waren keine Seltenheit. Jered, der Vater Henochs, zeugte ihn mit 162 Jahren, für damalige

Verhältnisse also als Jüngling, und als er starb, war er über 962 Jahre alt. Es ist kaum zu glauben, aber so steht es wörtlich in der Genesis 5,18–20. Warum sollte es also nicht wahr sein? Der demografische Faktor spielte demnach eine untergeordnete Rolle. Probleme mit der Rentenfinanzierung gab es auch nicht.

Himmelfahrten waren im Altertum mehr oder weniger normal. Alexander der Große musste zwar den Tod erleiden, aber er wurde von Adlern »emporgetragen« und in den Himmel aufgenommen. Klingt glaubwürdig, wurde von Zeugen bestätigt. Einer, der den Gordischen Knoten durchschlug, muss in den Himmel. Jesus war 323. v. Chr., als Alexander in Babylon verschied, noch nicht gezeugt. Ich könnte mir vorstellen, dass in Gott beim Anblick Alexanders der Wunsch aufkam: So einen Sohn hätte ich auch gern.

Es dauerte noch ein paar Hundert Jahre, bis er die richtige Mutter für seinen Sohn ausersehen hatte. Gottes weiser Ratschluss ist keine Angelegenheit von ein paar Tagen. Solche Geschichten, wie die seines Sohnes, den er für die gesamte Menschheit hingegeben und geopfert hat, wollen wohlüberlegt sein.

Die Himmelfahrt Jesu ist jedenfalls gut dokumentiert. Bei Markus (16,19) heißt es: »Nachdem der Herr Jesus mit ihnen geredet hatte, wurde er aufgehoben gen Himmel und setzte sich zur Rechten Gottes.«

Bei Lukas (24,50–51), der wie sein Kollege ebenfalls nicht selbst Zeuge war, aber dennoch ziemlich Bescheid wusste, lese ich: »Er führte sie aber hinaus nach Betanien und hob die Hände auf und segnete sie. Und es geschah, als er sie segnete, schied er von ihnen und fuhr gen Himmel.« Die Startrampe befand sich also irgendwo in Betanien. Übrigens derselbe Ort nahe Jerusalem, wo Jesus den toten Lazarus aus seinem Grab holte.

In der Apostelgeschichte (1,9) erfahren wir noch etwas mehr: »Und als er das gesagt hatte, wurde er zusehends aufgehoben, und eine Wolke nahm ihn auf, vor ihren Augen weg.«

Diese Schilderung kommt meiner bescheidenen Meinung nach der Wahrheit am nächsten. Denn Gott hat eine Vorliebe für Wolken. Schon mit Moses sprach er aus der Wolke, als er ihm die Zehn Gebote diktierte. Er bleibt gern unsichtbar. Am liebsten hat er's bewölkt. Durch Wolken entzieht er sich unseren Blicken. Zu unserem Schutz. Wir könnten seinen Anblick nicht ertragen. Seine Herrlichkeit ist für Sterbliche nicht auszuhalten. Ganz wenigen Heiligen ist es möglich, einen Blick in die Herrlichkeit Gottes zu tun. Dem heiligen Stephanus war dieses Schauen gegönnt. In der Apostelgeschichte (7,55–56) steht geschrieben: »Er aber, voll heiligen Geistes, sah auf zum Himmel und sah die Herrlichkeit Gottes und Jesus stehen zur Rechten Gottes. Und sprach: Siehe, ich seh den Himmel offen und den Menschensohn zur Rechten Gottes stehen.« Leider hat außer Stephanus keiner den offenen Himmel gesehen. Schade. Einen zweiten Zeugen, der diese Vision hätte bestätigen können, gab es bedauerlicherweise nicht.

Ganz sicher wurde Maria, die Gottesmutter, bei lebendigem Leib in den Himmel aufgenommen. Papst Pius XII. hat die Himmelfahrt der Jungfrau Maria 1950 in einem Dogma bestätigt. Der 15. August – Ferragosto in Italien, Mariä Himmelfahrt in Bayern – entspricht der höchstoffiziellen Wahrheit der römisch-katholischen Kirche. Ich bin sicher, Pius XII. hat lange geprüft und sich mit höchsten Stellen beraten, sonst hätte er dieses Dogma nicht verkündet.

Die letzten Jahre hat man nichts mehr von Entrückungen gehört. Der Herr hat wohl die Lust an diesem Verfahren verloren. Selbst Päpste müssen heutzutage erst sterben, bevor sie »im Herrn vollendet« werden, oder was immer er mit seinen »treuen Knechten« in der ewigen Seligkeit vorhat. Weder Johannes Paul II. noch Mutter Teresa, die inzwischen als Heilige verehrt werden, wurde eine Himmelfahrt gewährt. Die Gründe für diese lange himmelfahrtslose Periode liegen im Dunkeln. Anfragen dazu wurden vom Vatikan nicht beachtet. Die Hoffnung, dass eines Tages doch wieder ein gläubiger Katholik in der Nachfolge Christi wegen seiner herausragenden Glaubensleistungen direkt in den Himmel auffährt, ist gering. Ganz auszuschließen ist es aber auch nicht. Denn für Gott ist nichts unmöglich. Uns gewöhnlichen Sterblichen bleibt die leibliche Aufnahme in den Himmel zu Lebzeiten ohnehin verwehrt. Wenn es aber irgendwann doch wieder zu einer Himmelfahrt kommen sollte, bin ich sicher, dass diese auf dem Petersplatz in Rom stattfinden und das Fernsehen live dabei sein wird, wenn der Himmel offen steht und wir einen Blick erhaschen auf die Herrlichkeit Gottes. Und dann dürfen wir gespannt sein, wer zur Rechten Gottes steht. Ich befürchte nur, die Vielzahl der Päpste wird uns den Blick verstellen.

Is mir zu hoch

Ich weiß nicht, wie es Ihnen geht, aber ich höre, ich hatte es schon erwähnt, bis zum heutigen Tage meine verstorbenen Eltern und Großeltern reden. Ihre Stimmen habe ich fast täglich im Ohr.

In Situationen, in denen mich die Aufregung beherrscht, höre ich meine Großmutter zu mir sagen: »Buali, dua di staad hoitn. Sitz de hi, und gib a Rua.«

Meinen Vater hör ich oft die Nachrichten kommentieren. Ich schau die »Tagesschau«, und auf einmal hör ich ihn sagen: »Alles übertrieben! Was die Journalisten bringen, ist alles einseitig! Propaganda!«

Und meine Mutter wirft ein trockenes »So« dazwischen. Was mir sofort klarmacht, dass ich zu viel rede. Dieses »So« bedeutet im Niederbayerischen sinngemäß: Bist jetzt endlich fertig mit deinem Vortrag! Es vernichtet das Gesagte. Das »So« meiner Mutter wirkt wie ein soeben entflammtes Streichholz. Es fackelt die gesagten Sätze ab und löst sie in Rauch auf.

Ich überlege, was meine Mutter zu dieser Gebrauchsanweisung gesagt hätte. Ich hätte sie vor ihr auf den Tisch gelegt. Zunächst wäre ihr ein »Aha« entfahren. Dann, ganz langsam in nachdenklichem Ton: »›Gebrauchsanweisung für das Jenseits‹«? – Ich woaß scho, was des is. Ich kenn di scho. – Dir ist nix heilig!«

Sie hätte sie nicht in die Hand genommen, geschweige denn gelesen. Und wenn, dann nur, um sie mir zurückzugeben.

»Wirst scho sehng, wos du davo hast.«

»Ja, das werd ich.«

»Wenn's bei dir amoi so weit is, dann wirst scho wieda katholisch wern.«

Auf eine Erwiderung hätte ich verzichtet. Wir hätten uns eine Weile angeschaut.

Was übrigens das Wieder-katholisch-Werden angeht, deutet sich nichts an. Katholisch werden kann ich nämlich gar nicht mehr, denn ich bin es schon. Wer in seiner Kindheit katholisch zugerichtet wurde, hat ein Leben lang etwas davon. – Ich glaube, das sagte ich schon.

Und meinen Vater höre ich zum vorliegenden Buch mit unverkennbarer Ironie sagen: »Is mir zu hoch! Zu intellektuell! – Nix für mich.«

Reisemöbel

Im abendländischen Kulturraum erfreuen sich Feuerbestattungen immer größerer Beliebtheit. Die Vorstellung, allmählich von Würmern und Maden in Erde umgewandelt zu werden, lässt viele von einer Erdbestattung Abstand nehmen. Man kann das verstehen. Es gibt heute noch eine Reihe anderer Bestattungsmöglichkeiten. Gehen Sie im Internet auf die Suche. Es wird einiges angeboten. Unter anderem die Diamantbestattung. Dabei wird die »kremierte Asche« des Verstorbenen von störenden Rückständen »gereinigt«. In einem mehreren Wochen dauernden Verfahren werden die Kohlenstoffe zu einem Rohdiamanten gepresst, der als »ewiges Schmuckstück« an einer Kette um den Hals getragen werden kann.

Auch bei der Weltraumbestattung ist eine Verbrennung die Voraussetzung. Die Asche wird dabei in eine kleine Weltraumkapsel eingeschlossen und mit einem Raumschiff in eine Erdumlaufbahn gebracht. Diese Kapsel umkreist die Erde eine Zeit lang, um schließlich beim Wiedereintritt in die Erdatmosphäre wie eine Sternschnuppe zu verglühen. Eine romantische Vorstellung! Diese Bestattungsform wird meines Wissens bisher nur in den USA angeboten.

Allen Bestattungsformen, außer der Erdbestattung, geht eine Einäscherung voraus. Die Baumbestattung, bei der die »kompostierbare Urne« in den Wurzeln eines Baumes versenkt wird, die »anonyme Bestattung«, die sogenannte »freie Wiese«, bei der die Asche verstreut wird, die Ballonbestattung und die Seebestattung, immer führt der Weg zunächst ins Krematorium. Bei dieser letzten Fahrt ins Feuer gibt es einiges zu beachten. Welche Särge sich dafür besonders eignen, weiß sicher der Fachmann vor Ort. Lassen Sie sich beraten.

In den Krematorien werden bei einer Feuerbestattung selbstverständlich alle Vorschriften penibel eingehalten. Vor allem müssen die Filter in den Kaminen umweltbelastende Stoffe zurückhalten. Darauf gilt es bei der Auswahl des Sarges zu achten. Buche, Fichte, Eiche? Kompostierbar, bunt bemalt, Innenausstattung komfortabel oder schlicht. Im Internet sollten Sie fündig werden. Auf den Seiten des Bestattungsgewerbes finden Sie ein vielfältiges Angebot an Erdmöbeln. Da ist sicher auch etwas für Sie dabei. Lassen Sie sich Zeit bei der Auswahl, wählen Sie in aller Ruhe den Sarg fürs Leben danach. In mitteleuropäischen Regionen dominiert nach wie vor der Holzsarg für die Erdbestattung. Für umweltbewusste Menschen kommt selbstverständlich nur ein ökologisch voll kompostierbarer Sarg infrage.

Falls Sie sich für eine Luftbestattung entscheiden sollten, können Sie auf einen Sarg verzichten. Man legt die Leiche dazu auf ein freies Feld und ruft die Geier herbei, die in der Regel pietätvoll ihr Werk verrichten. Luftbestattungen sind allerdings eher im asiatischen Raum üblich, in Deutschland sind sie bisher nicht erlaubt.

Wer sich für eine Feuerbestattung entscheidet, kann sicher sein, dass die Bakterien keine Chance haben. Allerdings verlangt auch das Verbrennen der »sterblichen Hülle« ein letztes Möbelstück. Eine öffentliche Verbrennung, wie sie in

Indien am Ganges üblich ist, ist an Rhein, Donau, Mosel oder Weser bis jetzt noch nicht vorgesehen. Ohne Sarg kommt bei uns keiner unter beziehungsweise in die Erde.

Seine Zukunft im Blick, verfügte Bertolt Brecht testamentarisch, in einem luftdichten Stahlsarg beerdigt zu werden. Man erfüllte ihm seinen Wunsch und trug ihn darin auf dem Dorotheenstädtischen Friedhof in Berlin zu Grabe. Warum ließ er sich nicht einbalsamieren wie Lenin, der bis zum heutigen Tag in Moskau in seinem Mausoleum liegt und aussieht, als würde er jeden Moment aus seinem Schlaf erwachen können? Die Ehre, in Mausoleen ihre letzte Ruhe zu finden, wurde leider nur großen kommunistischen Revolutionären zuteil. Mao Zedong musste auch haltbar gemacht werden und bekam sein Mausoleum auf dem Platz des Himmlischen Friedens mitten in Peking. Aller Komik liegt ein tiefer Ernst zugrunde. Gibt es eine ernstere Sache, als der Verwesung eines menschlichen Körpers Einhalt zu gebieten? Ist es nicht komisch, dass ein Heer von Spezialisten, Chemikern, Einbalsamierern, Künstlern, Visagisten für rosige Wangen dieser Leichen zuständig ist? Und doch lachen die wenigsten beim Anblick dieser Mumien. Der Schrecken, der zu Lebzeiten von ihnen ausging, scheint nach wie vor zu wirken.

Verbrennen kam für diese großen Gestalten nicht infrage. Sie sind tot, doch ihre Leichen müssen am Leben bleiben.

Alexander der Große wurde öffentlich verbrannt, und wie wir schon gesehen haben, gibt es Berichte von Zeitzeugen, die dabei waren und beschwören, dass der große Eroberer von einem Adlergespann in den Himmel hinaufgetragen wurde. Von kommunistischen Revolutionären existieren logischerweise solche Legenden nicht, denn sie errichteten das Paradies auf Erden, weshalb ihre Nachfahren sie in diesen Mausoleen ausstellen.

Ob Brechts Stahlsarg die bakterielle Zersetzung seines Dichterkörpers verhindern konnte, bleibt fraglich. Öffnete man den Sarg heute, würde vermutlich kein Wohlgeruch aufsteigen. Auch ein Sarg aus Stahl ist gegen die Chemie des Todes machtlos. Nichts ausrichten kann der Tod jedoch gegen Brechts Gedichte, Stücke und Schriften. Sie machen ihn unsterblich. In seinem Gedicht »Gegen Verführung« heißt es: *Lasst euch nicht verführen/Zu Fron und Ausgezehr!/ Was kann euch Angst noch rühren?/Ihr sterbt mit allen Tieren/ Und es kommt nichts nachher.* Brecht weiß jetzt vermutlich, dass er recht hatte. Auf ein Brechtgedicht aus dem Jenseits warten wir nun schon viele Jahre. Wahrscheinlich kommt er nicht dazu, weil François Villon ihm ständig auf die Finger klopft. Noch mal schreibst du nicht bei mir ab!

Ein Hoch auf alle Toten

Der Tod dauert in der Regel länger als das Leben. Deshalb sollten Sie sich schon zu Lebzeiten gedanklich damit befassen, wo Sie Ihre letzte Ruhe finden wollen.

Ich stelle mir ein sonniges Plätzchen vor. Südlage, leicht erhöht, mit einem schönen Ausblick. Wenn ich am Jüngsten Tag vom Herrn persönlich auferweckt werde, will ich als Erstes den Blick schweifen lassen können. Nach all den Jahren im feuchten Grab könnte ich mir vorstellen, dass ich daran Freude hätte. Ich hoffe, dass man meine Wünsche berücksichtigt. Sicher kann man sich, wie bereits gesagt, nie sein. Angehörige entwickeln eigene Ideen. Die Anbindung des Friedhofs und die damit verbundene gute Erreichbarkeit mit Bus und Bahn geben oft den Ausschlag dafür, wo man zu liegen kommt.

Es gibt Menschen, die sich keine Gedanken darüber machen, was mit ihren sterblichen Überresten nach ihrem Ableben passieren soll. Sie überlassen diese letzten Dinge vertrauensvoll ihren Angehörigen. Doch die Erfahrung lehrt, dass auf die nächsten Verwandten in diesen Angelegenheiten wenig Verlass ist. Es beginnt mit dem Wunsch, in den eigenen vier Wänden sterben zu dürfen. Wer möchte das nicht, umgeben von seiner Familie sein Leben beenden? Doch leider gelingt das nicht allzu vielen. Die meisten Menschen verbringen ihre letzten Tage und Stunden in einem Sterbehospiz oder einer Klinik. Auch der Wunsch die letzte Ruhestätte betreffend wird von den Hinterbliebenen nicht immer respektiert.

Friedrich der Große hatte in seinem Testament verfügt, zusammen mit seinen Windhunden neben seiner Sommerresidenz Schloss Sanssouci beigesetzt zu werden. Die Nachfahren hielten sich nicht dran. Man bestattete ihn in der Hohenzollerngruft in Sigmaringen. Erst Helmut Kohl vollstreckte das Testament des »alten Fritz« und ließ ihn nach der Wiedervereinigung in einer aufregenden Überführungsaktion, die live im Fernsehen übertragen wurde, nach Potsdam umbetten, wo er endlich seine letzte Ruhe fand.

Meine Planungen sind noch nicht abgeschlossen. Da ich kein Sommerschloss besitze, möchte ich auch nicht dort beerdigt werden. Und schon gar nicht möchte ich mit Hunden meine letzte Wohnung teilen müssen. An Tieren wird ohnehin kein Mangel herrschen.

Eine Gruft kommt für mich ebenfalls nicht infrage. Grüfte sind oft dunkel und kalt. Und der Einbau einer Heizung ist mir zu aufwendig. Das Raumklima lädt auch nicht immer zum Verweilen ein. In Bischofsgrüften, in die ich, von reiner Neugier getrieben, hinabgestiegen bin, herrscht oft eine Luft zum Davonlaufen. Der klerikale Geist riecht nicht gut.

Der »große Europäer« Helmut Kohl soll den Wunsch gehegt haben, in der Gruft im Dom zu Speyer seine letzte Ruhestätte nehmen zu können. Auch ihm wurde er nicht erfüllt. Wahrscheinlich hat er schlecht verhandelt. Er liegt heute in rund zehn Meter Abstand zu den Domherren des Bistums und erfreut sich vermutlich des seelischen Zuspruchs der geistlichen Herren. Auch eine sehr schöne

Lage! Normalsterblichen werden solche Privilegien selten eingeräumt. Unsereiner liegt halt irgendwo dazwischen. Unser Grab, in dem meine Eltern und Großeltern ruhen, befindet sich in Passau auf dem Innstadtfriedhof in unmittelbarer Nähe des berühmten Passauer Verlegers Hans Kapfinger, auf dessen Grabmal der schöne lateinische Satz steht: *Recte faciendo neminem timebis* – indem du recht tust, brauchst du niemanden zu fürchten.

Ich besuche hie und da Friedhöfe, um mich anregen zu lassen. Es gibt ja eine Fülle von Möglichkeiten der Gestaltung. Allein der Grabstein ist eine Wissenschaft für sich. Granit, Marmor, Hölzernes oder Schmiedeeisernes?

Die letzte Ruhestätte verlangt eine sorgfältige Planung. Vielleicht ist es Ihnen auch egal, wo man Sie unter die Erde bringt. Vorausgesetzt, Sie legen überhaupt Wert auf eine Erdbestattung. Seebestattungen sind in Bayern nicht erlaubt. Falls Sie diese Form der Beisetzung im Sinn haben sollten, müssten Sie nach erfolgter Verbrennung Ihrer leiblichen Überreste eine letzte Reise über Land an die Nordsee antreten (ein letztes Mal im Stau stehen!), um sich dort von fachkundigen Jenseitsschiffern den ewigen Wellen übergeben zu lassen. Dabei soll es auch sehr feierlich zugehen. Wie gesagt, die letzte Reise bedarf einiger Vorausschau.

Vorbildlich geplant hatte der durch tragische Umstände ums Leben gekommene Münchner Modezar Rudolph Moshammer seine letzte Ruhestätte. Der »Paradiesvogel« der Münchner Gesellschaft – der, solange er lebte, in der Landeshauptstadt großes Aufsehen hervorrief, wo immer er gerade auftauchte – ruht, seinem prominenten Leben angemessen, heute in einem kleinen Grabmal in erster Lage auf dem Münchner Ostfriedhof. Dichter, Denker, Maler, Regisseure und sonstige Künstler liegen auf dem Prominentenfriedhof Münchens im Stadtteil Bogenhausen. Die Liesl Karlstadt, der Erich Kästner, der Helmut Dietl und viele andere genießen dort eine von der Stadt München subventionierte Ewigkeit. Die kleine Anlage ist auf jeden Fall einen Besuch wert.

Die teuersten und begehrtesten Gräber befinden sich in Jerusalem, am Ölberg. Sie werden zu Preisen von 10 000 Dollar und mehr angeboten. Für gläubige Juden steht fest, dass der Messias genau dort eintreffen wird, um die Auferweckten zu begrüßen. Wenn er kommt, wird die Freude groß sein, und es wird ein Fest gefeiert werden, wie es die Welt noch nicht gesehen hat. Da will man als Jude unter den Ersten sein. Man munkelt, dass die New Yorker Juden über einen direkten Tunnelzugang zum Ölberg verfügen. Es soll sich um eine Art U-Bahn handeln, die mitten durch die Erde von der Central Station bis zur Endstation Ölberg führt. Der Glaube versetzt nicht nur Berge, er bohrt auch U-Bahnröhren.

Das Nonplusultra der ewigen Liegestätten befindet sich meiner Ansicht nach allerdings in Wien. Die österreichische Hauptstadt gilt, was die letzten Dinge angeht, als Top-Adresse. Zumindest im europäischen Raum besitzt der Zentralfriedhof eine sehr hohe Anziehungskraft. Der Zentralfriedhof ist sozusagen die erste Jenseitslage, die jedem, der dort zu liegen kommt, zur Ehre gereicht. Beethoven, Brahms, Schubert, Johann Strauss und alle seine verwandten Komponisten verleihen ihm seltenen Glanz. Hans Moser, Paul Hörbiger, Curd Jürgens, Helmut Qualtinger, Falco und noch zahllose weitere Berühmtheiten bewohnen dort ihre letzte Immobilie.

Ich kann verstehen, dass viele Sterbliche denken, ja, wenn es denn unbedingt sein muss, dann hier. Es ist auch sehr schön auf dem »Zentral«. Vereinsamen wird man dort nicht.

Man findet jederzeit Anschluss. Der nächste Mittote liegt immer nebenan. 330 000 Tote ruhen auf 2,5 Quadratkilometern. Der ewige Friede gehört in Wien zum guten Ton.

Der Wiener Sänger Wolfgang Ambros hat ihm ein Lied gewidmet. Darin heißt es: *Es lebe der Zentralfriedhof und alle seine Toten*. Diese Wiener Begräbnisstätte ist tatsächlich ein sehr lebendiger Ort. Als ich ihn besucht habe, versuchte ich, die Behauptung zu ergründen, warum der Tod ein Wiener sein soll. Georg Kreisler fand zu dieser Zeile in einem seiner Chansons. Der Tod ist selbstverständlich auch ein Münchner, Hamburger, ein urbaner Geselle, der weltweit aktiv ist. Er ist kosmopolitisch präsent. Paris steht für die Liebe, München für die Gemütlichkeit, Zürich für das Geld, New York für die Schlaflosigkeit! Und Wien für den Tod? Wahrscheinlich haben sich die Wiener gesagt, wenn nichts anderes mehr übrig ist, bevor wir leer ausgehen, dann nehmen wir halt den Tod. Der Wiener ist ein Romantiker, das heißt, er sieht die Dinge nicht so, wie sie in Wirklichkeit sind. Er überzieht die Welt mit einer Glasur aus Schmäh. Aus der Schmähperspektive verliert der Tod seinen Schrecken. Er wird zu einer Nestroy-Figur, zu einem vom Guten beseelten Lumpazivagabundus, der durch den Graben zum Steffl rennt. Wien ist seine Bühne. Da ist er daheim, da kennt er sich aus. Man grüßt ihn freundlich. »Küss die Hand, gnädige Frau«, nuschelt er charmant und verneigt sich vornehm. »Wenn es passt, tät ich demnächst bei Ihnen vorbeischaun.« – »Bitte gern, I bin eh do.«

Ich habe den Eindruck, dass sie in Wien den Tod nicht ernst nehmen. Und der Tod spielt mit, weil es ihm so lieber ist als dauernd Furcht und Schrecken zu verbreiten.

Bei meiner letzten Visite in Wien hatte ich die Vision, dass sich der Zentralfriedhof nach und nach über die ganze Stadt ausbreitet, sodass am Ende ganz Wien von ihm eingenommen wird. Überall in der Stadt herrschen Tod und Verwesung. Ganz Wien sah ich als riesiges fröhliches Massengrab, angefüllt bis zum Rand mit Grünem Veltliner, ein smaragdgrün schimmernder See, in dem die Toten in fiakerähnlichen Barkassen auf eine Insel, ganz aus Kaiserschmarrn bestehend, zusteuern, wo sie von einer Festgesellschaft in Feierlaune erwartet werden. Kellner im Smoking flitzen umher und reichen Tafelspitz, Gulasch und Backhendl. Mittendrin tragen Engelsgestalten den auf einem goldgelben Wienerschnitzel sitzenden Hans Moser durch die Menge, der heurigenselig ein Lied singt, in das alle einstimmen:

Es wird a Wein sein/ und mir wer'n nimmer sein/
D'rum g'niaß ma 's Leb'n, so lang's uns g'freut./
'S wird schöne Maderln geb'n/ und mir werd'n nimmer leb'n/
D'rum greif ma zua/ g'rad is's no Zeit.

Leider war es bloß eine Halluzination, die nur kurz aufblitzte. Seltsam war mir dennoch zumute, als ich nach meinem Besuch auf dem Friedhof wieder glücklich in die Innenstadt zurückgekehrt war und bei einem Kaffee im Diglas saß. Da ging draußen der Tod vorbei. Er grüßte freundlich und sagte: »Wir sehen uns. Servus.« Ich grüßte zurück und rief ihm hinterher: »Pressiert net!« Der Tod ist halt doch ein Wiener.

Offene Grenzen

Bevor bei jedem Einzelnen von uns ein für alle Mal die irdischen Lichter ausgehen, beginnt ein Programm, das bei allen Sterblichen mehr oder weniger ähnlich abläuft. Was in den letzten Lebensminuten passiert, wissen wir ziemlich genau aus den Schilderungen von Menschen, die ein Nahtoderlebnis hatten. Unabhängig von der gesellschaftlichen Stellung, die Sie in Ihrem Leben innehatten, ob Sie Bundeskanzler, Schauspieler, Künstler, Müllwerker waren oder sonstige wichtige Aufgaben in Gesellschaft und Staat erledigt haben – bevor Sie mit Ihrem letzten Atemzug Ihr Leben aushauchen, wird Ihnen eine besondere Vorstellung geboten. Am Rande der Jenseitswelten gehen Sie noch einmal ins Kino. Es läuft Ihr Lebensfilm. Sie haben Gelegenheit, alles, wirklich komplett alles, was Sie in Ihrem Leben erlebt haben, noch einmal anzuschauen. Danach wird abgeblendet. Wiederholungen sind nicht vorgesehen. Der Film ist zu Ende.

Sie befinden sich jetzt unmittelbar an der Jenseitsgrenze. Sie brauchen keine Befürchtung zu haben, nicht eingelassen zu werden. Die Einreise erfolgt problemlos. Von Grenzkontrollen ist nichts bekannt. Sie brauchen keinen Personalausweis. Ein Visum ist nicht nötig. Auch von sogenannten Hotspots, Aufnahmelagern, ist nichts durchgesickert. Ein Asylrecht existiert nicht, beziehungsweise jedem wird im Jenseits dauerhaft Aufenthalt gewährt. Der Familiennachzug ist gesichert. Keiner wird abgeschoben.

Grundsätzlich gibt es keine Beschränkungen, wann Sie einreisen, wie Sie einreisen, von wo aus Sie anreisen, es ist rund um die Uhr geöffnet. Sie dürfen jederzeit unangemeldet Begleitpersonen mitbringen.

In China ließ sich vor langer Zeit ein Kaiser von einer ganzen Armee Soldaten ins Jenseits begleiten. Der Mann hatte wohl die Hosen gestrichen voll und glaubte, auf Feinde zu treffen, die ihn zum Kampf fordern könnten. Die berühmte Jenseitslandschaft des »ewigen Kaisers« erstreckt sich über eine Fläche von 56 Quadratkilometern. Seine Tonsoldaten stehen dort in Reih und Glied, um eventuelle Feinde in die Flucht zu schlagen. Schlachten im Jenseits kennen wir bisher nur aus Berichten der alten Germanen, sodass wir davon ausgehen können, dass die kaiserliche Armee durch ihre hohe abschreckende Wirkung seit über 2000 Jahren den ewigen Frieden gewährleistet.

Im alten Ägypten begab sich ein verstorbener Pharao mit seiner Dienerschaft in die zu Lebzeiten errichtete Pyramide, um im Totenreich nicht auf die gewohnten Annehmlichkeiten des Alltags verzichten zu müssen. Seine Vertrauten hofften inständig, mit ihrem zum Gott verklärten Herrscher eingemauert zu werden. Andere Zeiten, andere Sitten – wenn der Glaube groß genug ist, bricht man freudig ins Jenseits auf. Wir heutigen Menschen würden uns mit Händen und Füßen wehren, unserem Herrscher ins Grab zu folgen. Wer möchte sich mit dem bayerischen Ministerpräsidenten einmauern lassen? Selbst wenn Weißwürschte und Schweinshaxen en masse als Grabbeigaben zugesagt würden, meldeten sich kaum Freiwillige.

Grabbeigaben kommen anscheinend wieder in Mode. In letzter Zeit hört man immer wieder, dass Tote zwei, drei Flaschen ihres Lieblingsweins als Wegzehrung mitnehmen, um nicht auf dem Trockenen zu sitzen. Also nehmen Sie mit, was Sie mitnehmen können. Eventuell genehmigt man Ihnen einen Zweitsarg für die Fressalien. Oder Sie lassen sich gleich in der Tiefkühltruhe beerdigen.

Ich habe einen guten Freund gefragt, alleinstehend und kinderlos, was mit seinem Vermögen nach seinem Tod geschehen solle. Er verblüffte mich mit der Antwort: »Ich nehm's mit!« – »Gute Idee«, habe ich gesagt. Er ist Eigentümer eines sehr schönen Hauses in bester Lage und entwirft nun Pläne, wie er das Haus ins Grab bringt. Als ich das letzte Mal mit ihm sprach, klagte er über Schwierigkeiten mit den örtlichen Behörden, die sich weigerten, seine Grabstätte den Ausmaßen seines Hauses anzupassen. Solche Dimensionen würden die gesetzlichen Vorschriften um ein Vielfaches überschreiten. Mein Vorschlag, sich im Haus beisetzen zu lassen, scheitert momentan noch an der deutschen Rechtsprechung. Die Bestattung in den eigenen vier Wänden ist in Deutschland bisher noch gesetzlich verboten. Dennoch flammt in letzter Zeit eine Debatte über diese individuelle Bestattungsörtlichkeit auf.

Auf meine Frage, ob er die Redensart vom letzten Hemd kenne, das keine Taschen habe, antwortete mein Freund, er werde darauf achten, dass seine Hemden Taschen hätten. Im Hemd möchte er ohnehin nicht ins Jenseits reisen. Er strebe an, im hellen Anzug drüben zu erscheinen.

Dem Anlass angemessene Kleidung ist generell anzuraten. Schwarz ist nicht zwingend. Alle Farben sind erlaubt. Auf Anfrage kann ein Modeschöpfer, ein Nekrophilcouturier, hinzugezogen werden, der dem Jenseitsreisenden mit Rat und Tat zur Seite steht. Freunde der Freikörperkultur reisen selbstverständlich pudelnackt ins Jenseits.

Eine Unsicherheit allerdings steht im Raum. Es ist nicht klar, in welcher Abteilung Sie die Ewigkeit verbringen werden. Es gibt ja bekanntlich mehrere Unterkünfte. Klar wollen alle ins Paradies. Aber es hat sich herumgesprochen, dass es auch Räumlichkeiten gibt, die jeder vermeiden möchte, die sich aber bei Christen und Moslems als Drohkulisse für Ungläubige bewährt haben.

Als Quant im Doppelspalt

Ich entnehme dem Wissenschaftsteil meiner Zeitung Botschaften, die mit meinen eigenen Annahmen kollidieren. Astrophysiker haben herausgefunden, dass sich das Universum schneller ausdehnt als bisher angenommen.

Mich verstört diese Erkenntnis, denn ich habe bisher angenommen, dass es sich nicht so schnell ausdehnt. Es steht also hier Annahme gegen Annahme. Wie soll ich damit weiterleben?

Mein Verhältnis zur Physik war von Anfang an – wie soll ich sagen? – gespalten. Das könnte an meinen Physiklehrern gelegen haben, die sehr viel dafür getan haben, dass mir dieses Fach schon früh verhasst war. Physik hatten wir bei einem Lehrer, der von uns Schülern nur »Goofy« genannt wurde. Goofy, der auch noch Mathe unterrichtete, war ein kleines, glatzköpfiges Männlein mit Brille, schlank und schmalbrüstig, mit dünnen Ärmchen. Er trug lange Krawatten, die ihm bis über den Hosenbund hinabreichten, an dem er seine graue Hose oft nach oben zog, sodass sich das Hemd schupfte, bis es irgendwann über dem Hosenbund heraushing. Mit seinen kleinen Händchen vollführte er während des Unterrichts belehrende Bewegungen, die nicht zu den Worten passten, mit denen er versuchte, uns physikalische Zusammenhänge zu erklären. Er produzierte mit ihnen permanent nonverbale Gegensätze zum Gesagten.

Komisch wirkten seine Handbewegungen auch, weil die Finger durch eine Laune der Natur zu kurz geraten waren. Er war eine typische Karikatur eines Physiklehrers. Doch »Goofy« passte eigentlich nicht zu ihm. Ich vermute, Schüler verpassten ihm diesen Namen, weil er einmal selbst einen aus ihren Reihen »Goofy« genannt hatte, einen »langen Lulatsch«, um ihn mit der Naivität der Comicfigur in Verbindung zu bringen. Sie drehten den Spieß um, und ab dem Zeitpunkt hieß der Mann Goofy.

Sei es, wie es sei, Goofy war kein freundlicher Lehrer, er war ein launischer Giftzwerg, der gemein und zynisch sein konnte. Er hatte seine Freude daran, Schüler bloßzustellen. Klassenarbeiten gab er nach Noten gestaffelt zurück. Mal begann er mit den Besten und überreichte missmutig mit gespielter Enttäuschung Einser und Zweier, dann drehte er wieder die Reihenfolge um und begann mit den Sechsern. Er ließ die Schüler nach vorne kommen und überreichte mit einem gespielten Bedauern die schlechten Noten. »Das war nix!« Ich hatte einmal eine Drei geschrieben. Er begann die Herausgabe mit mir, ohne anzukündigen, ob er die Rückgabe mit den guten oder schlechten Noten starten wollte. Er sagte: »Da hat doch dieser Jonas« – Pause – »aus mir unerfindlichen Gründen« – noch mal kleine Pause – »eine Drei!« Ich steh auf, um nach vorne zu eilen, da hebt er das Händchen und gebietet mir: »Bleib sitzen! Du bist noch nicht dran. Wir beginnen heute mit den Sechsern und arbeiten uns zu den Einsern vor.« – Pause – »Die ich diesmal nicht vergeben konnte. Die beste Arbeit hat der Dings geschrieben, und der hat einen Zweier!« Lustig war das nicht für uns. Nur Goofy hatte seine Freude.

Gelernt haben wir bei ihm sehr viel. Unter anderem, dass man mit zynischen Bemerkungen selten Freunde gewinnt und der Lehrerberuf auch ganz ohne pädagogische Grundkenntnisse ausgeübt werden kann. Was ich aus diesem Unterricht mitgenommen habe, war relativ wenig physikalisches Wissen. Dafür aber umso mehr die Einsicht, dass unfähige Lehrer in der Lage sind, die Neugier auf ein spannendes Fach total abzuwürgen. In meinem Fall hatte Goofy damit vollen Erfolg.

Dabei hätte mich schon brennend interessiert, was es mit diesen ominösen Quanten auf sich hat, von denen hie und da die Rede war. Mein Vater behauptete, ich hätte keine Füße, sondern Quanten. »Nimm deine Quanten da weg!«, forderte er mich gelegentlich auf. »Du stehst im Weg.« Was tatsächlich öfter der Fall war. Auf diese Weise kam ich mit der Quantentheorie in Kontakt, konnte mir aber keinen Reim darauf machen. Als das Wort im Physikunterricht fiel, war ich voll bei der Sache: Max Planck habe die Quantentheorie entwickelt. Mein Interesse kam allerdings rasch zum Erliegen, als sich diese Quanten als ein Irgendwas herausstellten, das irgendwo im Atom herumschwirrte und dann wieder gar nicht da war, wo es eigentlich hätte sein müssen, das aber irgendwie doch dort war, wo es nicht gewesen sein konnte. Mein Forscherdrang konzentrierte sich folglich ganz auf Einsteins fotoelektrischen Effekt. Aber nachdem auch hier Quanten, diesmal in Verbindung mit Licht, auftauchten, gab ich auf.

Ich erinnere mich an Niels Bohr und sein Schalenmodell, in dem sich Elektronen um einen »positiv geladenen« Atomkern bewegen. Und schon damals habe ich mich gewundert, woher der Herr Bohr wusste, dass Elektronen in Schalen um einen Atomkern kreisen. Ich wollte Goofy fragen, ob er je so ein Elektron habe kreisen sehen. Ich hab es gelassen, weil ich dachte, es sei eine dumme

Frage, und Angst hatte, er könnte mich dafür vor der Klasse bloßstellen. Dabei wäre die Frage gar nicht mal so doof gewesen. Bohr hatte ein Modell entwickelt, um damit seine Überlegungen zu illustrieren. Niemand hat je ein Elektron auf seiner Bahn – um was auch immer – noch irgendein anderes Atomteilchen tatsächlich beobachten können. Und doch scheint unter Physikern ein Grad an Gewissheit zu herrschen, dass diese Modelle »hohe Erklärungspotenziale« besitzen.

Das mag für Physiker so sein, und ich freu mich auch darüber, dass sie sich gegenseitig Zustände erklären können, von denen ich und die meisten Menschen keine Ahnung haben. Behaupte ich jetzt einfach mal. Oder sind Sie physikalisch so auf Zack, dass Sie mir das Wesen der Quantentheorie mit ein paar einfachen Sätzen darlegen können? Ich kann das nicht, aber ich versuche es jetzt trotzdem. Ich zeichne mich nämlich vor allem dadurch aus, über Zusammenhänge zu referieren, von denen ich keine Ahnung habe. Eine Fähigkeit übrigens, die mir schon oft zu großem Ansehen verholfen hat.

Ich könnte mir vorstellen, dass Sie sich jetzt fragen, was dieses physikalische Zeugs mit dem Thema des Buches zu tun hat. Ich an Ihrer Stelle würde mich das auch fragen. Was hat die Quantentheorie mit dem Jenseits zu tun? Mehr, als Sie und ich denken!

Wahrscheinlich haben Sie von dem berühmten Doppelspaltversuch schon gehört? Nein? Ich auch nicht. Ich hatte bis jetzt davon keine Ahnung. Erst bei den Recherchen zu diesem Buch stieß ich auf den Doppelspaltversuch, den ein Mister Thomas Young 1802 durchgeführt hat. Engländer halt. Ein Bier zu viel, und schon kam ihm die Idee dazu. Doppelspaltversuche haben wir in der Pubertät auch durchgeführt. Im Schwimmbad, als wir durch Spalten der Umkleidekabinen gelinst haben, um Mädchen beim Umkleiden zu beobachten. Die Ergebnisse dieser Versuche waren mager. Im Ernst, warum dieser englische Physiker auf den Gedanken verfiel, Licht durch einen Spalt zu schicken, um zu sehen, wie es sich auf der anderen Seite auf einem Schirm abbildet, ich weiß es nicht. Ist auch egal. Er hat es ausprobiert und festgestellt, dass Licht seinem Wesen nach eine Welle ist. Da brach im Königreich vor über zweihundert Jahren Jubel aus. Ob dieser Thomas Young dafür geadelt wurde, kann ich nicht sagen. Verdient hätte er es. Hundert Jahre später bewiesen die Physiker Max Planck und Albert Einstein die Teilchenstruktur des deutschen Lichts. Damit stand fest, dass Licht eine Doppelstruktur besitzt. Es besteht aus Wellen und Teilchen. Seitdem ich das weiß, betätige ich den Lichtschalter mit der gebotenen Ehrfurcht vor den Teilchen und Wellen und frage mich jedes Mal, wie viele Teilchen ich damit in Bewegung setze oder ob ich doch mehr Wellen in mein Zimmer schicke. Froh bin ich immer, wenn es hell wird und ich nicht im Dunklen tappen muss, was beim Doppelspaltversuch auch nach vielem Nachdenken immer noch passiert.

Wenn ich es richtig verstanden habe, was ich bezweifle, schickten die Forscher ein einzelnes Lichtteilchen, ein Photon, durch einen von zwei Spalten – daher Doppelspaltversuch – und sahen auf dem Schirm dahinter ein Interferenzmuster, also Überlagerungen von Punkten. Obwohl nur ein Photon durch *einen* der beiden Spalte geschickt wurde, sah es auf der anderen Seite so aus, als wäre das Teilchen durch beide Spalte geflutscht. Sie haben das Experiment an verschiedenen Orten, zu verschiedenen Zeiten durchgeführt, und es zeigte sich immer wieder das gleiche Ergebnis. Da haben die Physiker das große Kratzen am Kopf gekriegt. Es sieht so aus, als ginge jedes Photon durch beide Spalte, obwohl es tatsächlich nachweisbar nur durch einen Spalt gegangen ist. Einmal verhält sich das Photon wie eine Welle, dann wieder wie ein Teilchen. Es ist zum Verrücktwerden. Und da kamen die Forscher auf den Gedanken, dass die Erklärung für dieses geisterhafte Phänomen in ihnen selbst und ihrer Beobachtungsgabe zu finden ist. Es scheint so zu sein, dass die Wahrheit vom Beobachter selbst hergestellt wird. Das ist die offizielle Erklärung für das Phänomen. Es hängt vom Beobachter ab, und je nachdem, was er sieht (skeptisch formuliert, zu sehen glaubt), ist das die Wahrheit. Es handelt sich dabei um die Beschreibung einer Wahrscheinlichkeit. Heißt, es ist wahr, aber auch scheinlich. Um es auf den Punkt zu bringen, führe ich, an Heidegger erinnernd, das Verbum »wahren« ein. Die Wirklichkeit wahrt sich ins Scheinliche! Sie haben es längt bemerkt, wir sind nun schon weit ins Jenseits eingedrungen, und die Gefahr, dass gleich ein Kardinal im Doppelspalt festklemmt, ist groß.

Schrödingers Katze

Der österreichische Physiker Erwin Schrödinger hat die absurde Wirklichkeit des Lichts und seiner im Doppelspaltversuch nachgewiesenen Eigenschaften in seinem Katzenmodell eindrucksvoll verdeutlicht. Erwin Schrödinger verblüffte die Welt mit der Erkenntnis, dass eine Katze gleichzeitig sowohl tot als auch lebendig sein kann.

Tot und lebend zur gleichen Zeit? Physikalisch sehr interessant. Vielleicht handelt es sich nur um so a G'schicht eines narrischen Österreichers?

Vielleicht ist aber auch etwas dran. Eigentlich sollte Österreich bei diesen Überlegungen keine Rolle spielen. Schon, aber ich kann das Land nicht wegdenken, wenn der Forscher ein Österreicher ist.

Juristen setzen auf die menschliche Fähigkeit des Wegdenkens, wenn sie die *conditio sine qua non* als Ursache definieren, die nicht hinweggedacht werden kann, ohne dass der Erfolg entfiele; nur wer etwas hinwegdenkt, denkt ja, dass es da ist. Also ist etwas da und gleichzeitig weg? Da sind wir wieder bei den beiden Zuständen, in denen sich Schrödingers Katze befindet. Es geht dabei um zwei Betrachtungsweisen.

Da Schrödinger Physiker war, wusste er selbstverständlich, dass Materie in verschiedenen physikalischen Aggregatszuständen vorkommt. Wasser kann flüssig sein, fest – gefroren als Eis – und als Wasserdampf Wolken bilden. Wasser ist, chemisch betrachtet, H_2O. Was es mit H_2O auf sich hat, weiß jedes Kind. Der Mensch besteht vor allem aus Wasserstoff, Kohlenstoff, Sauerstoff, Calcium, Eisen und einigen anderen chemischen Elementen. Auf einer differenzierteren Ebene besteht der Mensch wie überhaupt alle Lebewesen aus Teilchen, Atomen und Molekülen. In den Atomen befinden sich Neutronen. Neutronen können durch hohe Energie, wie sie bei der Kernspaltung zur Wirkung kommt, aus ihrer angestammten Lage im Atomkern gebracht werden. Neutronen sind eigentlich unteilbare Elementarteilchen. Aber sie können gespalten werden, und dadurch treten die an sich unteilbaren Teilchen gleichzeitig an zwei Orten auf. Obwohl hier der Logiker in mir heftig opponiert, wurde dieses Phänomen in Experimenten nachgewiesen. Soviel ich weiß, hat bisher kein Physiker diesen Versuch am eigenen Leib durchgeführt. Das hätte ich mitgekriegt. Sicher wäre ein Filmproduzent wie Steven Spielberg auf die geniale Idee gekommen, über das komplexe Geschehen im subatomaren Zeptometerbereich ein mehrteiliges, oscarverdächtiges Hollywoodepos zu schaffen, bei dessen Betrachtung selbst mir ein Licht aufgegangen wäre.

Faszinierend finde ich diese Verdopplung einer Existenz allemal. Zu Ende gedacht, heißt das, dass man sich als Mensch aufspalten könnte, um an einer Sitzung in New York teilzunehmen und zur selben Zeit am Matterhorn Schi zu fahren. Gefragte Dirigenten könnten gleichzeitig zwei Orchester an verschiedenen Orten dirigieren. Geistig können wir uns sowieso an verschiedenen Orten gleichzeitig aufhalten. Das ist ganz normal. Eine körperliche Doppellokalisation eines lebenden Organismus liegt nach diesen

Überlegungen im Bereich des Vorstellbaren. James Bond meinte lakonisch: Man lebt nur zweimal. Das einschränkende »nur« entfällt. Es muss stattdessen heißen: Man lebt zweimal.

Schrödingers Katze kann zugleich tot und lebendig sein. Anstrebenswert ist dieser Zustand nicht, aber vielleicht hilft uns das physikalische Experiment, das Leben im Jenseits besser zu verstehen.

Bei der Schrödinger-Katzen-Situation dreht sich alles um die Quantenphysik. Erwin Schrödingers Absicht war, mit seiner experimentellen Katzenanordnung ein nachvollziehbares Beispiel für die Wirkung beziehungsweise Nichtwirkung der Quantentheorie bereitzustellen. Im mikrokosmischen Bereich funktioniert die Quantentheorie wie vorhergesagt. Im makrokosmischen Bereich, zu dem der lebende Organismus einer Katze gehört, die aus sehr vielen sich überlagernden Quantenzuständen besteht, versagt die Beschreibung der Quantenzustände. Klingt kompliziert, ist aber eigentlich ganz einfach.

Wendet man nun die quantenphysikalischen Gesetzmäßigkeiten auf die Katze an, wird einerseits die Theorie bestätigt, andererseits widerlegt. Schrödingers Katze demonstriert, dass richtig auch falsch sein kann. Je nachdem, wie man es betrachtet.

Dazu sperrt man eine Katze in eine Kiste. Es wird eine Ampulle mit Gift in der Kiste zerschlagen. Die Katze stirbt oder bleibt am Leben. Man weiß es erst, wenn man in die Kiste hineinschaut. Solange wir nicht nachschauen, existiert sie in zwei Zuständen. Sie ist gleichzeitig tot und lebendig, bis wir Gewissheit darüber erlangen.

Ich frage mich, wie es der Katze in der Kiste geht. Die müsste doch panische Angst davor haben, dass wir nachschauen! Was ist das für ein Zustand für die Katze – lebendig und tot gleichzeitig? Wenn wir uns entscheiden, in die

Kiste zu schauen, entscheiden wir über Leben oder Tod der Katze. Um uns die Entscheidung zu erleichtern, könnte sie wenigstens einmal ganz leise miauen. Als wissenschaftlich erfahrene Versuchskatze denkt sie mit und schweigt, um das Experiment nicht zu gefährden. Es hilft nichts, wir müssen reinschauen. Moralisch ist das hoch problematisch. Physikalisch ist es eine Notwendigkeit. Wir können uns zwar mit der Entscheidung noch a bissl mehr Zeit nehmen, aber fair ist das nicht, weil die Katze ja auch irgendwann wissen möchte, ob sie tot oder lebendig ist.

Unendliche Zeit

Wir nähern uns jetzt der Ewigkeit. Gedanklich. In einem prinzipiellen Sinn nähern wir uns sowieso alle früher oder später einer Ewigkeit. Es liegt eine vor uns, aber wir haben auch schon eine hinter uns.

Nur, wie lange dauert sie? Ist ihre Dauer in Tagen, Wochen, Monaten und Jahren überhaupt anzugeben? Oder sind das nur dumme Fragen?

Ihnen ist das Grundproblem der Zeit vermutlich klar? Jeder hat ein Gefühl für die Zeit. Sie vergeht. Eine Zeit, die nicht vergeht, ist keine. Alles, was geschieht, geschieht ausschließlich in der Zeit. Alles hat seine Zeit.

Schaun Sie sich einmal selbst an. Sie sind im Laufe der Jahre älter geworden und wissen, dass Sie einmal jünger waren. Man sieht es, Sie merken das zunehmende Alter jeden Tag. Die Falten werden tiefer, die Haare grau, die Gelenke knacken, das Gehör wird schwächer, der körperliche Verschleiß nimmt zu, der gesamte Körper wird zur Problemzone. Und viele fragen sich, warum das so ist. Das liegt an der Zeit. Wenn es gelänge, die Zeit dauerhaft anzuhalten, würde man nicht mehr altern und immer frisch und jugendlich auftrumpfen können.

Ich habe im Internet recherchiert und bin auf interessante Erkenntnisse gestoßen. Zeit gehört zum Raum-Zeit-Kontinuum. Das kommt Ihnen jetzt kompliziert vor, und, ehrlich gesagt, das ist es auch. Ich wollte auch sofort die Flinte ins Korn werfen, aber ich habe mich dann doch näher mit diesem Raum-Zeit-Kontinuum befasst und war fasziniert. Erste Erkenntnis: Die Zeit ist prinzipiell dehnbar, und zwar durch hohe Beschleunigung. Die Zeit selbst kann man nicht beschleunigen, aber Zeit ist ein Äquivalent von Raum. Was heißt das nun schon wieder? Zeit und Raum sollen gleich sein? Äquivalent? Sie haben eventuell schon von der Raum-Zeit gehört, die sich mit dem Raum bei hohen Geschwindigkeiten krümmt. Auf der Autobahn mit dem Audi R8 werden wir diese Geschwindigkeiten nicht erreichen und mit dem Elektroauto auch nicht, außer die Ingenieure schaffen es irgendwann, Lichtgeschwindigkeit fürs Auto zu nutzen. Ich traue es ihnen zu. Albert Einstein hat mit seiner Relativitätstheorie bewiesen, dass sich der Raum im Unendlichen krümmt. Der unendliche Bereich liegt ziemlich weit draußen. Ich war auch noch nicht dort, um Raum und Zeit bei ihrer Krümmung zuzuschauen.

Und jetzt kommt die frohe Botschaft: Wir können mithilfe sehr hoher Geschwindigkeiten unsere persönliche Zeit dehnen. Wir müssen uns dazu nur mit Lichtgeschwindigkeit in Richtung Unendlichkeit bewegen. In einem Raumschiff müsste das irgendwann zu bewerkstelligen sein. In diesem Raumschiff verläuft die Zeit relativ langsamer als auf der Erde, wo sie ohne uns normal weiterläuft. Alle biochemischen Prozesse in unserem Körper, Blutdruck, Herzschlag, Nierentätigkeit, Verdauung, Atmung, laufen bei Lichtgeschwindigkeit extrem langsam ab, was zur Folge hat, dass wir auch langsamer altern. Wir holen dann nur zwei- bis dreimal am Tag Luft, atmen entsprechend langsam wieder aus, das Herz schlägt einmal pro Minute, aber nur, wenn wir uns bewegen, im Liegen schlägt es langsamer, und wir gehen dann nur einmal im Monat aufs Klo. Dass dem so ist, ist keine fixe Idee, es ist bewiesen. Ist das nicht wunderbar!

Und nun gibt es sogar die Möglichkeit, die Zeit komplett anzuhalten. In einem schwarzen Loch wäre das möglich. Dort wirken irrsinnig hohe Energien, Masse und Dichte ballen sich unheimlich zusammen, dass gar nichts mehr läuft. Die Zeit endet. Sie schrumpft auf einen Punkt zusammen. Wenn wir da hineinfliegen, altern wir nicht mehr. Die Frage ist, ob wir dann noch unseren täglichen Routinen nachkommen können. Ob ich noch vor meinem Laptop sitzen kann, um meine Gedanken auf einer Festplatte zu speichern, und wie viel Zeit ich bei komplettem Zeitstillstand aufwenden müsste, bis ich mein Steak in der Pfanne *rare medium* gebraten hätte. Ich fürchte, das würde ewig dauern. Um ein Pils zu zapfen, benötigt man auf der Erde ungefähr sieben Minuten, im schwarzen Loch würde es Jahrzehnte aus der Bierleitung laufen. Man sollte sich vielleicht einen Kasten Bier, ein paar gebratene Steaks oder Fleischpflanzerl mitnehmen. Vielleicht ist das aber auch unnötig. Ich könnte mir vorstellen, dass Essen und Trinken im schwarzen Loch entfallen, dazu bräuchte man Zeit, und die hat man nicht, weil sie darin zum Stillstand gekommen ist.

Ob man in diesem Zustand noch von Leben sprechen könnte, bezweifle ich. Möglicherweise wäre es doch eher kein Leben mehr. Was wäre es dann? Ein zeitloses Leben. Von außen betrachtet, könnte man meinen, wir seien dann tot. Möglicherweise kommt nach vielen Millionen Lichtjahren Schrödingers Katze vorbei, um nachzuschauen, ob wir noch leben.

Schlechthinnig abhängig

Nun sinne ich schon eine Weile darüber nach, was der Philosoph Schleiermacher, der in Religionsfragen sicher eine gewisse Kompetenz besaß, damit gemeint haben könnte, als er behauptete, wir Menschen seien in unserem Dasein abhängig von der Unendlichkeit.

1799 lehrte der Protestant Friedrich Schleiermacher als ordentlicher Professor an der Universität in Berlin, wo er seine Schriften »Über die Religion: Reden an die Gebildeten unter ihren Verächtern« verfasste. Quell jeder Religion sei das Gefühl, aus dem die Gläubigen ihr Verhältnis zu Gott herleiteten und zum Inhalt ihres Glaubens machten. Für religiöse Gefühle kennzeichnend sei »die schlechthinnige Abhängigkeit« vom Unendlichen.

Abhängig versteh ich ja noch, aber schlechthinnig? Duden weiß Rat: schlechthinnig bedeutet absolut, ganz und gar. Wir sind also ganz und gar abhängig vom Unendlichen? Abhängig? Abhängig sind wir von Luft, Wasser, Nahrung und lieben Menschen, die uns helfen, wenn wir uns allein nicht mehr zu helfen wissen.

Unsere Abhängigkeit ist begründet in den Bedingungen, die uns durch unsere leiblichen Bedürfnisse diktiert werden. Und wir sind abhängig von unserer beschränkten Lebenszeit, denn nur solange wir leben, können wir unsere Abhängigkeiten genießen. Unser Leben hängt sicher von vielen Umständen ab:

Ich bin abhängig von meinen Arbeitgebern, von den Veranstaltern, die mich engagieren, damit ich das Publikum mit meinen Programmen beglücken kann. Ich bin abhängig von Agenten, mit denen ich Gagenverhandlungen führe, die sich manchmal unendlich lang hinziehen. Ich bin auch von meinem Publikum abhängig, das, wenn es zu Hause bliebe, mich vor leeren Reihen allein ließe. Ich bin abhängig von der Deutschen Bahn, von der Lufthansa und anderen Verkehrsmitteln, die mich hoffentlich pünktlich und sicher ans Ziel bringen. Ich bin abhängig von den Stadtwerken, die sauberes Wasser aus den Leitungen fließen lassen. Ich bin in unendlich vieler Hinsicht abhängig, aber die Abhängigkeit von der Unendlichkeit ist mir noch nie bewusst geworden.

Vom Unendlichen wissen wir nur, weil wir eine Vorstellung von unserer Endlichkeit haben. Die individuelle Auslöschung jedes Einzelnen wird uns täglich vor Augen geführt. Todesanzeigen sind allgegenwärtig. Es sterben täglich Menschen, die bestattet werden und einfach weg sind. Die Vorstellung, eines Tages selbst dran zu sein, ist eine Tatsache, und es bedarf einiger Anstrengung, die Aussicht auf das eigene Ende zu ignorieren. Den eigenen Tod dauerhaft zu verdrängen gelingt den wenigsten. Jeder weiß, dass er irgendwann in der Tür steht und keine Gnade kennt, und danach beginnt diese ominöse Unendlichkeit, von der Schleiermacher glaubt, wir seien von ihr abhängig.

Abhängigkeit bedeutet ja auch, uns würde etwas Essenzielles fehlen, wenn wir sie nicht mehr hätten. Nur mal so vor mich hin gesponnen: Was, wenn wir der Unendlichkeit ihre Macht nähmen und uns von ihr unabhängig machten?

Einen Unendlichkeits-Entzug. Dann verlöre sie ihre Macht. Wir können also fragen: Ist nicht die Unendlichkeit von unserer gefühlten Abhängigkeit abhängig? Braucht sie uns nicht dringlicher als wir sie? Vielleicht geht es letztlich gar nicht um eine jenseitige Existenz bei einem personalisierten Gott und eine daran geknüpfte Unsterblichkeit der Seele, vielleicht spüren wir Menschen nur »etwas Größeres« angesichts des unendlichen Universums? Nach wie vor können wir uns vieles nicht erklären, wir fühlen uns winzig, unwichtig, ausgesetzt. Der Beistand eines unendlichen Gottes kann uns dabei helfen, das Defizit an sinnlicher Erkenntnis auszugleichen.

Auch in diesem Fall bleibt nur das *Tantum ergo sacramentum* ....

Blaise Pascal unterstützt uns beim Ausgleich der sinnlichen Defizite mit seiner epochalen Erkenntnis: Wir wissen, dass es eine unendliche Zahl gibt, aber wir wissen nicht, was dies ist. Mathematiker kommen uns gern mit der Logik. Sie führen die unendliche Zahl an, von der wir Normalsterblichen glauben zu wissen, dass es sie nicht geben kann, weil immer noch eine auf die nächste folgt. Die Mathematik bewegt sich hier im Bereich der Annahme einer Gewissheit, die durch nichts bewiesen werden kann. Doch Mathematik ist, wie alles andere auch, nur ein Produkt unserer neuronalen Schaltkreise, sie bewegt sich im Rahmen unserer beschränkten Denkmöglichkeiten. Die feste Überzeugung, das nicht beweisbare Wissen als Tatsache zu sehen, führt uns zu Gott.

Die Erkenntnis der eigenen Beschränktheit kann ein Hinweis auf Gott sein. Die Erkenntnis, Gott nicht erkennen zu können, berechtigt zur Annahme seiner Existenz! Sollen wir glauben, dass Gott die unendliche Zahl ist? Möglicherweise sogar eine Primzahl, nur durch eins und sich selbst teilbar.

Der Weg zur Unsterblichkeit

Es gibt Alternativen, die jeden ins Grübeln bringen. Wohnst du noch, oder lebst du schon? Mit dieser Frage warb ein großes Möbelhaus aus Schweden für seine Wohnlandschaften. Wer einmal eine Bauanleitung von IKEA in die Praxis umsetzen durfte, weiß, dass das Leben ziemlich kompliziert sein kann, bevor es vom bloßen Wohnen ins qualitativ höherwertige Leben übergeht.

Das Leben ist unausweichlich, wenn es einmal angefangen hat. Es lässt sich kaum noch aufhalten.

Begonnen haben wir als primitiver Zellverband. Nicht einmal das, ganz zu Anfang unserer Entwicklung schwammen wir als schwer definierbare Ansammlung eines Säuregemischs in der Ursuppe.

Vor über vier Milliarden Jahren entstanden die ersten organischen Moleküle, Nuklein- und Aminosäuren, durch die eine Entwicklung in Gang gesetzt wurde, an deren vorläufigem Ende die Krone der Schöpfung, der Homo sapiens, stand, ein menschliches Wesen, das eine Sprache entwickelte, zu malen, zu singen und zu tanzen anfing, ein Mensch, der mit Lachen und Weinen den allgemeinen Lebenskampf bewältigte. Ein Mensch, der irgendwann die

Welt veränderte, der Klöster, Kirchen, Schulen und Universitäten baute, der technische Erfindungen machte, das Rad und den Pflug erfand, der Revolutionen in Gang setzte und schließlich Doktorarbeiten schrieb und fälschte.

Naturwissenschaftler versuchen, die Ursuppe, in der das Leben zufällig entstand, im Labor zu rekonstruieren. Bisher ohne Erfolg. Der Zufall wehrt sich mit Händen und Füßen gegen seine Enträtselung. Er will sich nicht planen lassen. Logisch, denn gelänge es, den Zufall zu planen, dann wär er kein Zufall mehr. Aber die Forscher lassen sich nicht beirren. Sie fangen immer wieder von vorne an, sie versuchen, Leben künstlich herzustellen. Die bisherigen Ergebnisse geben Anlass zur Hoffnung.

Sie haben das menschliche Genom, den »Bausatz des Lebens«, entschlüsselt, sie greifen ein ins Erbgut, mit einer »Gen-Schere« (CRISP-Verfahren) eliminieren sie »krankhafte« Sequenzen, um Gesundheit dauerhaft zu gewährleisten. Leben wird designed und patentiert.

Zum Leben gehören als wesentliche Elemente ein Energie- und Stoffwechsel, die Wechselwirkung mit der Umwelt, Reaktionsfähigkeit auf die Umwelt und die Fähigkeit zur Fortpflanzung. Primitive Einzeller wie das Pantoffeltierchen fallen in diese Kategorie. Sie haben einen Stoffwechsel, bewegen sich und pflanzen sich mittels Zellteilung selbstständig fort. Sie leben. Bei Viren wird die Einordung unter den Begriff Lebewesen schon schwieriger. Sie können sich zwar vermehren, brauchen dazu aber eine Wirtszelle, die sie schädigen und schließlich töten. Sie leben, weil sie andere Lebewesen töten. Mitgefühl ist primitiven Lebensformen unbekannt.

Auch Pflanzen sind definitionsgemäß Lebewesen. Sie bewegen sich zwar nicht, leben aber trotzdem. Sie atmen CO_2 ein und geben O_2 ab, haben einen Stoffwechsel und können sich zum Leidwesen vieler Hobbygärtner ungebremst vermehren. Was aber denkt der Löwenzahn, wenn er aus der Erde gerissen wird? Fühlt er Schmerz? Hat er ein Bewusstsein? Träumt er von einem ewigen Leben? Sind Pflanzen religiös?

Ein Förster hat ein Buch über das geheime Leben der Bäume geschrieben, das sich zum Bestseller entwickelte. Darin erfährt man, dass Bäume miteinander kommunizieren, sich »gedanklich« austauschen, Informationen übermitteln, in Kontakt stehen über Pilze und andere »Waldbewohner«. Viele Menschen fragen sich nun, ob Bäume Schmerzen empfinden, wenn sie gefällt werden. Sieht man der Fichte die Qual an, wenn der Schreiner sie zur Küche verarbeitet? Schreit das Holz vor Schmerz? Leben wir im stummen Schrei der Möbel? Hier fehlen noch Antworten.

Das Leben eines Menschen beginnt, wenn Samen- und Eizelle miteinander verschmelzen. Romantisch? Wie man's nimmt. Liebe ist dazu nicht unbedingt erforderlich. Samen- und Eizellen werden heutzutage in der Reproduktionsmedizin im Labor verschmolzen. Oder anders gesagt: Chromosomen werden aufeinander losgelassen. Sie enthalten die Erbinformationen der Eltern. Chromosomen sind quasi lebende Mikrochips, auf denen die elterlichen Informationen gespeichert sind. Wenn nun Samen- und Eizelle während der Zeugung ein gemeinsames Leben starten, werden diese Erbinformationen kombiniert und immer wieder kopiert. Es handelt sich im Grunde genommen um eine Kopie der Elternteile. Wir sind alle Plagiate. Nach erfolgreicher Abschreibung wächst durch fortschreitende Zellteilung im Uterus ein Mensch heran, der am Ende der Schwangerschaft, vorausgesetzt, es läuft alles glatt, das Licht der Welt erblickt. Es handelt sich dabei um eine lebende, externe Festplatte, auf der die Informationen der Eltern für die nächste Generation gespeichert sind. Kinder sind lebende Datenbanken, auf die durch Zeugung in einer nachfolgenden Generation zugegriffen werden kann. Verweigern sich lebende Festplatten der Zeugung, so gehen ihre Daten ein für alle Mal verloren. So gesehen sind Kinder der einzig sichere Weg, unsterblich zu werden.

Das Absurde

Was nun folgt, ist nicht komisch! Ich weiß. Es hilft aber nichts. Eine »Gebrauchsanweisung für das Jenseits« darf den intellektuellen Selbstmord nicht aussparen. Das spielt jetzt ein bisschen ins Philosophische rein. Es geht ums Absurde, genauer gesagt, um den französischen Existenzialismus im Allgemeinen und im Speziellen um den Sisyphos-Mythos von Albert Camus. Warum? Fragen Sie das im Ernst? Ja? Also, ich bitte Sie!

Zur Erklärung: Ich hatte in meiner Jugend einmal eine sehr absurde Phase. Im Rückblick muss ich gestehen, dass mein Geisteszustand damals wirklich bedenklich war, aber ein Suizid kam für mich nie infrage. Ich las Sartre und Camus und gefiel mir in meinem schwarzen Rollkragenpullover ausnehmend gut. Ich rauchte Gitanes und Gauloises und ließ so gut wie keine Gelegenheit aus, mir und meiner Gesundheit zu schaden. Aber ehrlicherweise muss ich zugeben, dass ich eine länger anhaltende Lebensüberdrüssigkeit nicht zustande gebracht habe. Obwohl ich wirklich hart darauf hingearbeitet habe, war der französische Existenzialismus für mich eine einzige Enttäuschung. Die führenden Existenzialisten haben sehr schlüssig argumentiert, haben triftige

Gründe für den Selbstmord zusammengetragen, aber kaum einer von diesen großen Geistern hat seine Argumente für einen Selbstmord genutzt. Ich auch nicht, nur bei mir ist es nicht verwunderlich, weil mich die Lektüre dieser existenziellen Schriften dermaßen ermüdet hat, dass ich oft regelrecht eingeschlafen bin. Heute weiß ich, dass dieses Verhalten meine ganz persönliche Revolte gegen das Absurde war.

Das Leben war absurd, keine Frage, und der Rest war auch sinnlos. Aber, wiederholte ich gebetsmühlenartig: Der Mensch ist frei! Er muss sich entscheiden. Wer sich nicht entscheidet, hat sich bereits entschieden. Ich hatte mich für das Absurde entschieden. Ich vertiefte mich in den »Mythos des Sisyphos« von Albert Camus. Schon der erste Satz des Textes ist von einer Entschiedenheit, die mich gefangen nahm und nicht mehr losgelassen hat: »Es gibt nur ein ernstes philosophisches Problem: den Selbstmord.« Die Ernsthaftigkeit, mit der Camus diesen Satz raushaut, wirkte damals wie heut auf mich wie eine Watschn, die mir den Kopf rumgerissen hat. Das hatte natürlich auch etwas Komisches. Nur war ich damals als junger Mann nicht fähig, die Komik in den Abhandlungen, die »das Absurde« untersuchten, zu erkennen. Ich könnte mir vorstellen, dass das auch auf meine geistige Unerfahrenheit mit dem Absurden zurückzuführen war. Es gab Momente im Leben, die ich gar nicht als absurd wahrnahm, beispielsweise wenn ich mich in ein Mädchen verliebte. Ich empfand diese Hingezogenheiten als logisch. Absurd war nur, wenn meine Gefühle nicht erwidert wurden. Dieses Szenario passte dann aber doch wieder in den absurden Horizont des Ganzen im Konkreten.

Dieses Angebot an Sinnlosigkeit, das mich aus Frankreich erreichte, habe ich sehr ernst angenommen. Das Absurde, und wie man es sich darin gemütlich macht, hat mich einige Monate gefesselt. Nie wieder in meinem Leben fand ich es sinnvoller, mich mit der Sinnlosigkeit des Lebens zu befassen.

Wenn diese Steigerung von *sinnvoll* ausnahmsweise erlaubt ist. Der Komparativ von *sinnvoll* kann eigentlich nur *sinnlos* sein, aber wenn eh alles sinnlos ist, ist es auch schon wurscht.

Wenn das Leben sinnlos ist, bringt man sich um. Das hat eine zwingende Logik. Sich das Leben zu nehmen ist dann das einzig Wahre. Der Selbstmord wäre eine sinnvolle Tat und nur konsequent. Was wieder absurd ist! Aber man wäre dem Tod zuvorgekommen, weil man sich bewusst für das eigene Ableben entschieden hätte. Wer auf ihn wartet, ist selbst schuld und benimmt sich aus existenzialistischer Sicht daneben. Der absurde Mensch handelt unabhängig und revoltiert im absurden Zusammenhang gegen das Absurde. Er hat keine Chance, aber er nutzt sie, wie ein bayerischer Dichter es formulierte.

Oder lassen Sie mich es so sagen: Wer um die Hoffnungslosigkeit seines Daseins weiß, dem bleibt als letzter absurder Akt die Hoffnung als revoltierender Akt dagegen.

Es gibt nur eine zentrale Herausforderung, die jede Existenz bestimmt: Das ist der Tod! Bin selbst überrascht, zu welch apodiktischen Aussagen ich nach all den absurden Jahren noch fähig bin. Diese Neigung zum rigorosen Behaupten habe ich aus meiner juvenilen Phase ins reifere Erwachsenenleben hinüberretten können.

Aber mal ehrlich: Die Sinnlosigkeit des Lebens ist jedem schon einmal in den Sinn gekommen. Anlässe dazu gibt es im Leben nicht wenige, und alle verlangen eine Antwort auf die Frage, ob sich das Leben »jetzt, nach allem, was vorgefallen ist«, noch lohnt. Und es kann sehr viel vorfallen zwischen Menschen, Ereignisse, die ein Weiterleben unmöglich erscheinen lassen. Grausamkeiten! Es gibt nichts Grausameres als noch schlimmere Grausamkeiten. Jeder hat so seine eigenen Methoden, um mit depressiven Gedanken fertig zu werden. Drogen kommen ins Spiel. Alkohol, Tabletten, der Mensch greift in der seelischen Not zu Rauschmitteln. Die Religion, der Glaube, kann helfen, und immer mehr Menschen suchen auch psychotherapeutische Einrichtungen auf, wenn sie sich nicht mehr raussehen. Übrigens eine sehr treffende Ausdruckweise, zu der Menschen finden, wenn sie bis auf ihren existenziellen Grund hinabgestiegen sind.

Die Philosophie bietet reichlich Lesestoff, hilft aber Betroffenen selten weiter. Philosophen sind bekannt dafür, klare, stringente, logische Gedanken in Worte zu fassen, aber müssen die Ergebnisse ihres Denkens auch zu Taten führen? Sollte sich die Sinnlosigkeit des Lebens erweisen, so Camus, bleibt als letzte Handlung nur der Selbstmord. Camus selbst hat sich mit dem Absurden vertraut gemacht und seinen Erkenntnissen Taten folgen lassen. Er ist am Leben geblieben, bis er bei einem Autounfall ums Leben kam. Absurd? »Was aber ist der absurde Mensch wirklich? Derjenige, der das Ewige nicht leugnet und doch nichts dafür tut.«

Es hat wirklich keinen Sinn, das Ewige zu bestreiten. Falls es Anleitungen für einen Umgang mit dem Ewigen geben sollte, ignoriert sie der absurde Mensch. Und für den Fall, dass er sie nicht ignorieren kann – weil man sie ihm vorhält –, schiebt er sie beiseite und wendet sich ab.

Der absurde Mensch hat keine Zeit für die Ewigkeit. Das Ewige mag sein, doch im Moment des zeitlich begrenzten Lebens hält das Ewige nur auf.

»Mein Acker ist die Zeit, in der ich lebe.« Sagt wer? Der J. W. v. Goethe! Es gibt nur die eine Zeit, in der ich lebe. Nichts darüber hinaus steht mir zur Verfügung. Ein Danach mag sein. Doch im Danach bin ich nicht *jetzt*. Was auf das Jetzt folgt, lenkt mich vom Augenblick ab. Das Denken darüber kostet Intensität im Jetzt. Es schwächt mich im Jetzt.

Wer das Ewige im Diesseits implantiert, beschränkt das Leben. Macht es eng und knapp. Im schlimmsten Fall führt zu viel Ewigkeit im Diesseits zu Lebensfeindlichkeit.

Die Ewigkeitsexperten, die keuschen Priester und Theologen, richten den Blick aus dem Leben hinaus auf das ewige Leben. Der Dalai Lama plädiert im Gegensatz dazu für Erleuchtung im Hier und Jetzt durch meditative Übungen. Er überschreitet die äußere Wirklichkeit auf dem Weg nach innen. Er erreicht einen Zustand von Zeitlosigkeit im Licht.

Er lehrt, dass sich die Ewigkeit nur in Momenten intensiven Lebens erleben lässt, beim Niesen und während des »kleinen Tods«, wie die Franzosen den Orgasmus zärtlich nennen. Zeit gibt es in solchen Momenten nicht. Es gibt nur zeitliche Momente, in denen das Ewige aufleuchtet.

Und dennoch ist das Zeitangebot am Ende unserer Tage gigantisch.

Kann es Sinn im Sinnlosen geben? Und weiter: Kann es im Falschen das Richtige geben? Warum müssen wir Fragen von der ausschließenden Art stellen? Möglicherweise ist das Sinnlose genauso wertvoll wie das Sinnvolle!

Mache dir klar, hat einmal einer, der es gut mit mir meinte, zu mir gesagt: »Heut ist der erste Tag vom Rest deines Lebens!« Solche und ähnliche Sätze lösen Unbehagen aus. Nur der letzte Tag deines Restlebens ist unbekannt. Deshalb sollst du den ersten Tag vom Rest deines Lebens und alle darauffolgenden sinnvoll nutzen.

Ja, ist schon recht. Was ist denn sinnvoll? Der Soziologe Niklas Luhmann betrachtet Sinn als Orientierungskriterium, um die »Optionalität« der Wirklichkeit in den Griff zu kriegen. Sinn selbst ist sinnvoll, weil er uns hilft, das Sinnvolle vom Sinnlosen zu unterscheiden. Das Sinnlose sollte vermieden werden. Logisch. Was aber, wenn das ganze Leben sinnlos ist? Auch in diesem Fall hat man sich schon des Sinnkriteriums bedient.

Sinnfragen

Man könnte etwas aus sich machen. Als Kind wird man gefragt, was man einmal werden möchte. Was willst du einmal werden? Chirurg, Professor, Finanzbeamter? Meine Eltern hatten etwas anderes mit mir vor. Ich sollte Metzger werden wie mein Vater. Ich sah mich mehr als Glücksbringer. Ich wollte Kaminkehrer werden. Der Pfarrer war sicher, dass ich Pfarrer werden würde. Dagegen war ich mir sicher, dass dieser Beruf für mich nicht infrage kam. Papst schon eher! Mit dem höchsten Amt liebäugelte ich.

Die Anlagen für den Priesterberuf traten bei mir früh zutage. Das Drumherumreden, das Rausreden, auch das pathetische Schönreden lagen mir von Anfang an. Das Talent zum Predigen entdeckte ich schon beizeiten. Auch das Besserwissen wurde mir in die Wiege gelegt.

»Wenn du einst vor deinen Schöpfer hintreten musst, wird er dich fragen: Was hast du aus dir gemacht?« Solche Sätze gingen über mir nieder. Also, streng dich an! Ich hielt es eine Zeit lang für sinnvoll, mich nicht allzu sehr anzustrengen.

Wer weiß, was aus mir geworden wäre, wenn ich mich zu sehr angestrengt hätte?

Man hat einen Auftrag zu erfüllen. Werde, was du bist! Man ist Schöpfer seiner selbst. Man hat eine Verantwortung für sich und sein Leben.

Der Sinn des Lebens entsteht durch die autonome Gestaltung des eigenen Lebensplans. Hatte ich einen Plan? Eigentlich nicht. – Doch, einen sehr vagen. Junge Menschen wollen heute oft »etwas mit Medien« machen. Ich wollte irgendwas »mit Menschen« machen.

Man plant, während man planlos dahinlebt. Zufälle sind nicht auszuschließen. Deshalb ist Improvisation wichtig.

Nur wer sein Leben selbst in die Hand nimmt, produziert Sinn. Wer sich von anderen vorschreiben lässt, wie er zu leben hat, hilft anderen bei der Verwirklichung ihres Lebenssinns. Wer gibt sich schon damit zufrieden, lebenslang Teil des Sinns anderer zu sein?

Lebenssinn entsteht durch Entscheidungen. Egal, ob sie sich als richtig oder falsch herausstellen. Es war sinnvoll, sich so oder so entschieden zu haben. In der Rückschau kann sich eine Entscheidung als falsch erweisen. Sinn entsteht automatisch. Von selbst. Wir können gar nicht anders. Aus den vielen Möglichkeiten, die das Leben bietet, müssen wir auswählen. Wir können nicht alle Chancen verwerten.

Also entscheiden wir uns für eine Möglichkeit, die wir für sinnvoll erachten. Wir haben es selbst in der Hand, was wir als sinnvoll erachten. Deshalb sagen wir: Das macht Sinn. Ohne Sinn findet Leben nicht statt.

Lust auf einen komplizierten Satz? Ja? Gut, hier ist einer: »Erleben und Handeln sind Selektion durch die Zuschreibung von Sinnkriterien. Dabei wird das nicht Ausgewählte nicht zum Verschwinden gebracht, sondern als unbestimmte Mannigfaltigkeit, als *Welt* erhalten ...« (Walter Reese-Schäfer über den Begriff des Sinns bei Niklas Luhmann)

Eigentlich klar, was uns Reese-Schäfer damit verdeutlichen will. Die ausgeschlagenen Chancen werden im Leben zurückgestellt, sie bleiben am Entscheidungshorizont sichtbar, zum Greifen nahe, auf Stand-by, um zu einem späteren Zeitpunkt wieder in die nähere Wahl zu rücken. Es gibt halt reife und weniger reife Entscheidungen. Sogenannte Fehlentscheidungen können korrigiert werden. Aber wer sich entscheidet, wertet. Wenn wir eine Handlung unterlassen, sagen wir: Das hat keinen Wert! Wohingegen alternatives Handeln als wertvoll betrachtet wird.

Sinnlosigkeit ist mit diesem Konzept ausgeschlossen. Denn auch Sinnlosigkeit hat einen Wert. Jeder greift mal ins Klo, das ist kein Problem, Hände waschen und weitermachen. Eine Pleite ist kein Weltuntergang.

Und doch ist ziemlich viel von Sinnlosigkeit die Rede. Sinnlosigkeit ist bis zu einem gewissen Grad sinnvoll? Aber sollte man Sinnloses nicht besser unterlassen?

Anfangs spielt der Sinn im Leben kaum eine Rolle. Als Kind lebt man und empfindet alles als sinnvoll, was einem in den Sinn kommt. Man will auf alles zugreifen, spontan, ohne darüber nachgedacht zu haben. Ohne Sinnbewusstsein! Sinnfragen tauchen nicht auf. Ein Kind gibt seinen Neigungen nach.

Erst allmählich schält sich ein Sinn aus den gelebten Momenten heraus, die im Rückblick dem eigenen Urteil standhalten müssen. Der Sinn des Lebens besteht in der Suche nach dem Sinn mit Blick auf das bedrohliche Finale.

Der Sinn des Lebens ist immer mit Arbeit verbunden, meistens, um den Lebensunterhalt zu verdienen. Die wenigsten sehen einen Lebenssinn im permanenten Müßiggang. Wer immer nur in beschaulicher Ruhe verweilt, ist nur da. Wer nur da ist, entdeckt kaum Sinn. Wer keine Antwort auf die Frage findet: Wozu bin ich da, steht vor dem persönlichen Aus. Immer entsteht der Lebenssinn im versöhnlichen Umgang mit dem mehr oder weniger akzeptierten Ableben. Der Tod produziert Sinn. Ich erinnere an Karl-Otto Apel: »Der Tod ist eine Bedingung der Möglichkeit von Bedeutung.«

»Bedenke, dass du sterblich bist!«, flüsterte ein Sklave im alten Rom dem Triumphator ins Ohr, falls ihm der Senat einen Triumphzug gegönnt hatte. Über dem großen Ruhm, der einem Feldherrn nach siegreicher Schlacht zuteil wurde, sollte er sein Ende nicht vergessen. In der Stunde des größten Glücks sollte der antike Mensch den Blick auf sein Lebensende richten. Sklaven, die engagiert werden, um die Schönen, Reichen und Erfolgreichen an ihr Ende zu erinnern, sind aus der Mode gekommen. Doch manchen großen Männern und Frauen internationaler Konzerne, die auf sehr hohen Rössern ihre Erfolge nach Hause reiten, wünschte man einen treuen Sklaven, der ihnen ab und zu ins Ohr flüstert: »Staub bist du, und zum Staub wirst du zurückkehren.« Oder, etwas weniger pathetisch: »Auch du, mein Freund, bist eines Tages fällig, der Tod macht keine Ausnahme.«

Das göttliche MUSS

»Das Selbstsein ist der schon im Suchen liegende Fund.«
Einer meiner Lieblingsexperten, wenn vom Jenseits die
Rede ist, Martin Heidegger, sagt so was. Mal sehen, ob ich
diesem Satz einen Sinn entziehen kann. Ich versuch es:

Heidegger geht davon aus, dass der Mensch ein Verlore-
ner ist. Er ahnt, selbst der Verlorene zu sein. Er fragt: Ich
bin selbst? Was so viel heißen könnte wie: Ich bin mit mir
identisch. Oder: Selbst bin ich? So verstanden, ginge es in
die Richtung »Selbst ist der Mann«, und es wäre als Ermu-
tigung seiner selbst zu verstehen. Ziemlich klar für mich ist:
Der Mensch erlebt sich als verloren und beginnt sich zu
suchen, findet sich aber nicht richtig und glaubt, irgendwann sich als Suchenden gefunden zu haben. Und warum
ist das so? Weil der Mensch über sich nachdenken kann,
präziser: weil er sich zum Gegenstand seiner Reflexionen
machen kann. Er tritt aus sich heraus, um sich »von außen
anzuschauen«. Der Mensch ist also ein Heraustretender,
um sich betrachten zu können. Er befindet sich jenseits von
sich, dort findet er eine Distanz zu sich und fragt sich: Wer
ist der? Wo kommt der her? Wo geht der hin? Und da er
darauf selten Antworten findet, die ihm Gewissheiten ver-

mitteln, wird er sich seiner Orientierungslosigkeit bewusst. Ich kenn mich nicht mehr aus, ruft der Mensch und blickt um sich, rauf und runter, er schaut nach vorne, nach hinten, dreht sich in alle Richtungen. Und plötzlich entdeckt er sich als Suchender und spricht zu sich selbst: Ich bin der Fund, der sich sucht.

Schließlich richtet er den Blick nach oben zum Himmel, nachdem er unten die Erde betrachtet hat. Oben kommt ihm die Unendlichkeit in den Sinn, er schaut in den unendlichen Raum und kommt sich winzig und unendlich klein vor und nichtig angesichts der unendlichen Weiten, und er denkt, dort draußen *muss* etwas sein, etwas Größeres und Erhabeneres als ich kleines Würschtl.

In diesem M U S S wohnt Gott, das Göttliche, das Absolute, das Mächtigste, das Sein des Seins.

Und jetzt: Kommen Sie gut durch die Nacht!

Schlussgedanken zum Weiterdenken:

»Wir sind stets mehr als das, was wir von uns denken« (Ulrich Schnabel). Das ist keine Erkenntnis, das ist eine Ahnung. Wir tappen im Dunkeln. Wer glaubt, tappt im Hellen, und vor lauter Erleuchtung sieht er nichts, weil er permanent ins Grelle schaut. Glauben blendet.

Ernst Bloch lebte ein Leben lang »im Dunkel des gelebten Augenblicks«. Er wollte uns damit sagen, dass wir erst im Nachhinein etwas vom Leben wissen können, wenn wir darauf zurückblicken. Im Moment des Erlebens kriegen wir nichts mit! Wenn wir alles wissen könnten, sind wir tot, weil der Tod uns den Blick in das Dunkel des gelebten Augenblicks verwehrt.

Die »letzte Wirklichkeit«? – Wirklichkeit ist Reduktion. Ein konzentrierter Rest. Eingekochtes! – Die letzte Wirklichkeit ist ein Verlängerter! – Eine Streckung!

»Wir sind zur Hoffnung herausgefordert«, sagt Hans Küng. – Was macht die Hoffnung auf Unsterblichkeit mit mir?

Ich bin die Wahrheit und das Leben. Es gibt wahre und falsche Sätze. Das ist die Wahrheit über Sätze.

Ich bin die Frage und die Antwort. Wer mir antwortet, wird fragen.

Literatur

Abt Muho, *Ein Regentropfen kehrt ins Meer zurück*, 3. Auflage, Berlin Verlag, München/Berlin 2016

Ariès, Philip, *Geschichte des Todes*, Deutscher Taschenbuchverlag, München 2015

Becker, Volker J., *Gottes Geheime Gedanken*, Lotos Verlag, München 2008

Bohrer, Karl Heinz, *Der Abschied. Theorie der Trauer*, Suhrkamp, Berlin 2014

Camus, Albert, *Der Mythos von Sisyphos*, Rowohlt, Hamburg 1975

Canetti, Elias, *Das Buch gegen den Tod*, Hanser, München 2014

Cave, Steven, *Unsterblich. Die Sehnsucht nach dem ewigen Leben als Triebkraft unserer Zivilisation*, S. Fischer, Frankfurt/Main 2012

Epikur, Brief an Menoikeus, Lehrsätze, Weisungen, Einleitung: Der Tod betrifft uns nicht – aus: Wittwer, Héctor, *Der Tod*, Reclam, Stuttgart 2014

Flasch, Kurt, *Warum ich kein Christ bin*, C. H. Beck, München 2013

Flasch, Kurt, *Der Teufel und seine Engel. Die neue Biographie*, C. H. Beck, München 2015

Frisch, Max, *Triptychon*, Frankfurt am Main, 2016

Hamed, Abdel-Samad, *Der Koran. Botschaft der Liebe – Botschaft des Hasses*, Droemer, München 2016

Harari, Yuval Noah, *Homo Deus. Eine Geschichte von Morgen*, C. H. Beck, München 2017

Huber, Wolfgang, *Glaubensfragen. Eine evangelische Orientierung*, C. H. Beck, München 2017

Hürter, Tobias, *Der Tod ist ein Philosoph. Wie mich ein Sturz vom Berg auf den Sinn des Lebens brachte*, Piper, München 2013

Imbach, Josef, *Himmelsfreuden/Höllenpein. Das Jenseits in der christlichen Kunst*, Patmos Verlag, Ostfildern 2013

Ingrisch, Lotte/Prof. Dr. Rauch, Helmut, *Der Quantengott*, Nymphenburger, München 2017

James, William, *Die Vielfalt religiöser Erfahrung. Eine Studie über die menschliche Natur*, Verlag der Weltreligionen, Berlin 2014

Joffe, Josef, *Mach dich nicht so klein, du bist nicht so gross! Der jüdische Humor als Weisheit, Witz und Waffe*, Siedler Verlag, München 2015

Kant, Immanuel, *Meine Reise in den Himmel*, Matthes und Seitz, München 1997

Kaube, Jürgen, *Die Anfänge von allem*, Rowohlt Berlin, Berlin 2017

Kemper, Peter/Mentzer, Alf/Sonnenschein, Ulrich (Hg), *Wozu Gott? Religion zwischen Fundamentalismus und Fortschritt*, Verlag der Weltreligionen, Frankfurt/Main und Leipzig 2009

Kermani, Navid, *Ungläubiges Staunen. Über das Christentum*, C. H. Beck, München 2015

Kühn, Manfred, *Kant. Eine Biographie*, C. H. Beck, München 2003

Küng, Hans, *Der Anfang aller Dinge. Naturwissenschaft und Religion*, Piper, München 2005

Küng, Hans, *Was ich glaube*, Piper, München 2009

Küng, Hans, *Ewiges Leben?*, Piper, München 2002

Lang, Bernhard, *Himmel und Hölle. Jenseitsglaube von der Antike bis heute*, C. H. Beck, München 2009

Marx, Helma (Hg), *Das Buch der Mythen aller Zeiten aller Völker*, Styria Verlag, Graz Wien Köln München 1999

Platon, *Von der Unsterblichkeit der Seele*, Nikol-Verlag, München 2015

Reese-Schäfer, Walter, *Niklas Luhmann zur Einführung*, Junius Verlag, Hamburg 2001

Safranski, Rüdiger, *Zeit – was sie mit uns macht und was wir aus ihr machen*, Hanser, München 2015

Sartre, Jean-Paul, *Geschlossene Gesellschaft. Stück in einem Akt*, Rowohlt, Reinbek bei Hamburg Mai 2016

Scheffler, Samuel, *Der Tod und das Leben danach*, Suhrkamp, Berlin 2015

Schnabel, Ulrich, *Die Vermessung des Glaubens. Forscher ergründen, wie der Glaube entsteht und warum er Berge versetzt*, Blessing, München 2008

Schreiber, Mathias, *Was von uns bleibt. Über die Unsterblichkeit der Seele*, Deutscher Taschenbuchverlag, München 2008

Sloterdijk, Peter, *Nach Gott*, Suhrkamp, Berlin 2017

Sloterdijk, Peter (Hg), *Kant. Ausgewählt und vorgestellt von Günter Schulte*, Diederichs Verlag, München 1996

Spaemann, Robert, *Das unsterbliche Gerücht. Die Frage nach Gott und die Täuschung der Moderne*, Klett-Cotta, Stuttgart 2007

van Schaik, Carel/Michel, Kai, *Das Tagebuch der Menschheit. Was die Bibel über unsere Evolution verrät*, Rowohlt, Reinbek bei Hamburg 2016

Wils, Jean-Pierre, *ars moriendi – über das Sterben. Wirklichkeit der Lebenskunst*, Insel Verlag, Frankfurt/Main 2007